शरद जोशी

21 मई, 1931 को उज्जैन, मध्य प्रदेश में जन्मे शरद जोशी, होल्कर कॉलेज, इन्दौर के दिनों में ही एक लेखक के रूप में ख्याति प्राप्त कर चुके थे। इन्दौर के 'नई दुनिया' अख़बार में 'परिक्रमा' कॉलम से उनकी प्रसिद्धि और लेखक के रूप में पहचान बनी। पहली पुस्तक 'परिक्रमा' (उन्हीं लेखों का समावेश) 1958 में छपी।

उनके दो व्यंग्य नाटक 'अन्धों का हाथी' और 'एक था गधा उर्फ़ अलादाद ख़ाँ' आज भी देश-विदेश में मंचित हो रहे हैं।

अन्तिम कॉलम 'प्रतिदिन' *नवभारत टाइम्स* में लगातार 7 वर्षों तक छपा।

शरद जी की 21 पुस्तकें छपी हैं—'परिक्रमा'; 'किसी बहाने'; 'रहा किनारे बैठ'; 'दूसरी सतह'; 'मेरी श्रेष्ठ व्यंग्य रचनाएँ'; 'यथासम्भव'; 'यत्र-तत्र-सर्वत्र'; 'यथासमय'; 'हम भ्रष्टन के भ्रष्ट हमारे'; प्रतिदिन 3 भागों में; 'नावक के तीर'; 'मुद्रिका रहस्य'; 'झरता नीम शाश्वत थीम'; 'मैं, मैं और केवल मैं'; 'शरद जोशी एक यात्रा' (अन्य लेखकों के विचार, डॉ. शशि मिश्रा); 'जादू की सरकार'; 'पिछले दिनों'; 'दो व्यंग्य नाटक'; 'राग भोपाली'; 'नदी में खड़ा कवि'; 'घाव करे गम्भीर'।

सरकारी पुरस्कारों से बचते रहे। मात्र एक पद्मश्री 1990 में उनके खाते में। पी-एच.डी. के घोर विरोधी रहे, आज उन पर ही कई पी-एच.डी. हो गई हैं।

हिन्दी की पहली कॉमेडी Sitcom सीरियल 'यह जो है ज़िन्दगी' लिखने का श्रेय भी। 'मालगुडी डेज़' (हिन्दी संवाद), 'विक्रम और वेताल', 'सिंहासन बत्तीसी', 'वाह जनाब', 'दाने अनार के', 'यह दुनिया ग़ज़ब की' सीरियल्स भी लिखीं...और 'क्षितिज', 'गोधूलि', 'उत्सव', 'उड़ान', 'चोरनी', 'साँच को आँच नहीं', और 'दिल है कि मानता नहीं' फ़िल्मों के संवाद भी...!

निधन : 5 सितम्बर, 1991

जीप पर सवार इल्लियाँ

शरद जोशी

राजकमल पेपरबैक्स

राजकमल पेपरबैक्स में
पहला संस्करण : 1990
ग्यारहवाँ संस्करण : 2024

राजकमल पेपरबैक्स : उत्कृष्ट साहित्य के जनसुलभ संस्करण

राजकमल प्रकाशन प्रा.लि.
1-बी, नेताजी सुभाष मार्ग, दरियागंज
नई दिल्ली-110 002
द्वारा प्रकाशित

शाखाएँ : अशोक राजपथ, साइंस कॉलेज के सामने, पटना-800 006
पहली मंजिल, दरबारी बिल्डिंग, महात्मा गांधी मार्ग, प्रयागराज-211 001
1, अनमोल सोराबजी संतुक लेन, धोबी तलाव, मरीन लाइंस, मुम्बई-400 002

वेबसाइट : www.rajkamalprakashan.com
ई-मेल : info@rajkamalprakashan.com

बी.के. ऑफसेट
नवीन शाहदरा, दिल्ली-110 032
द्वारा मुद्रित

मूल्य : ₹250

JEEP PAR SAVAR ILLIYAN
by Sharad Joshi

ISBN : 978-81-7178-394-6

बुल्लू के लिए

क्रम

जीप पर सवार इल्लियाँ

एक शंख बिन कुतुबनुमा

जिसे कहते हैं दिव्य, वे ऐसे ही लग रहे थे। किसी त्वचा मुलायम करनेवाले साबुन से सद्यः नहाए हुए। उन्नत ललाट और उस पर अपेक्षाकृत अधिक उन्नत टीका, लाल और हल्के पीले से मिला ईंटवाला शेड। यह रंग कहीं बुशर्ट का होता तो आधुनिक होता। टीके का था तो पुराना, मगर क्या कहने ! बाल लम्बे और बिखरे हुए, स्वच्छ बनियान और श्वेत धोतिका (मेरे खयाल से प्राचीन काल में जरूर धोती को धोतिका कहते होंगे), चरणों में खड़-खड़ निनाद करनेवाले खड़ाऊँ। किसी गहरे प्रोग्राम की सम्भावना में डूबी आँखें, हाथ में एक नग उपयोगी शंख। सब कुछ चारू, मारु और विशिष्ट।

उस समय सूर्य चौराहे के ऊपर था। लंच की भारतीय परम्परा के अनुसार डटकर भोजन करने के उपरान्त मैं पान खाने की संस्कृति का मारा चौराहे पर गया हुआ था। वहीं मैंने उस तेजोमय व्यक्तित्व के दर्शन किए।

'बाबू उत्तर कहाँ है, किस ओर है ?'

मुझे अपने प्रति यह बाबू सम्बोधन अच्छा नहीं लगा। आज मैं सरकारी नौकरी में बना रहता, तो प्रमोशन पाकर छोटा-मोटा अफसर हो गया होता और एक छोटे-से दायरे में साहब कहलाता। खैर, मैंने माइंड नहीं किया। जिस तरह दार्शनिक उलझाव में फँसा हुआ व्यक्ति जीवन के चौराहे पर खड़ा हो एक गम्भीर प्रश्न मन में लिए व्याकुल स्वरों में पुकारे कि उत्तर कहाँ है, कुछ उसी तरह। मैंने मन में समझ लिया कि किसी छायावादी आलोचक की कोई पुस्तक इस व्यक्ति के लिए मुफीद होगी। अपने स्वरों में एक किस्म की जैनेन्द्री गम्भीरता लाकर मैंने पूछा—'कैसा उत्तर भाई, तुम्हारा प्रश्न क्या है ?'

अपने दिव्य नेत्रों से उन्होंने मेरी ओर यों देखा, जैसे वे किसी परम मूर्ख की ओर देख रहे हों और बोले, 'मैं उत्तर दिशा को पूछ रहा हूँ बाबू !'

यह सुन मेरा तत्काल भारतीयकरण हो गया। दार्शनिक ऊँचाई से गिरकर एकदम सड़क-छाप स्थिति।

'आपको कहाँ जाना है ?' मैंने सीधे सवाल किया। शहरों में यही होता है। अगर कोई व्यक्ति दूसरे से पूछे कि पाँच नम्बर बस कहाँ जाती है, तो जवाब में सुनने को मिलता है कि आपको कहाँ जाना है ? राह कोई नहीं बताता, सब लक्ष्य पूछते हैं, जो उनका नहीं है।

'उत्तर दिशा किस तरफ है बाबू, आप पढ़े-लिखे हैं, इतना तो बता सकते हैं...?'

मुझे अच्छा नहीं लगा। हर बात के लिए शिक्षा-प्रणाली को दोषी मानना ठीक नहीं। पढ़े-लिखे लोगों को उत्तर मालूम होता, तो अब तक देश के सभी प्रश्न सुलझ जाते। जहाँ तक मेरी स्थिति है, सही उत्तर मैंने परीक्षा भवन में नहीं दिया, तो यह तो चौराहा है। मैं क्यों देता ? और क्या देता ?

'क्या आपको उत्तर दिशा की ओर जाना है ?' स्वर में मधुरता ला मैंने जिज्ञासा की।

'मुझे उत्तर दिशा की ओर मुँह कर यह शंख फूँकना है।' उसने कहा, 'आप बता दें, तो मैं फूँक दूँ।'

मैंने कमर पर हाथ रख सारा चौराहा घूमकर देखा, मगर उत्तर दिशा कहीं नजर नहीं आई। दायीं ओर एक लांड्री थी, बायीं ओर पानवाला और उसके पास एक साइकिलवाला। सामने एक पनचक्की थी। एकाएक मुझे स्कूल में पढ़ी एक बात याद आई कि यदि हम पूर्व की ओर मुँह करके खड़े रहें, तो हमारे दाएँ हाथ की ओर दक्षिण तथा बाएँ हाथ की ओर उत्तर होगा। वामपंथ और दक्षिणपंथ के मतभेद यहीं से शुरू होते हैं।

'देखिए, यदि आप मुझे पूर्व दिशा बता दें, तो मैं आपको उत्तर दिशा बता सकता हूँ।' मैंने प्रस्ताव किया।

'सूर्योदय जिधर से होता है, वही पूर्व दिशा है।'

'जी हाँ।'

'किधर से होता है सूर्योदय ?' पूछने लगे।

'मुझे नहीं पता। मैं देर से सोकर उठता हूँ।'

उन्होंने अपने दिव्य नेत्रों से मेरी ओर देखा जैसे वे किसी परम आलसी की ओर देख रहे हों और बोले, 'आप सोते रहते हैं, सारा देश सोता रहता है और कलिकाल सिर पर छा गया है। चारों ओर पाप फैल रहा है, धर्म का नाश हो रहा है।'

'हरे हरे !' मैंने सहमतिसूचक ध्वनि की।

'उत्तर दिशा पापात्माओं का केन्द्र है, दिल्ली राजधानी अधर्मियों का अड्डा बन गई है।'

'नहीं, ऐसा तो नहीं, स्थानीय चुनावों में तो धार्मिक लोग जाते हैं।' मैंने कहा।

'मैं पार्लमेंट की बात कर रहा हूँ बाबू, संसद भवन और शासन की।'

'आप वहाँ जाकर कुछ अनशन-वनशन करेंगे ?' मैंने पूछा।

'नहीं, मैं यह दिव्य शक्ति-सम्पन्न शंख उत्तर दिशा की ओर

फूँकूँगा। इसका स्वर दिगन्त तक गूँज उठेगा और उत्तर दिशा की पापात्माएँ इसका स्वर सुनकर नष्ट हो जाएँगी।'

'शंख क्या एकदम बिगुल हुआ। आप इसे माइक के सामने फूँकेंगे।' मैंने जिज्ञासा की।

'बाबू समय आ गया है।' उन्होंने सिर के ठीक ऊपर चमकते हुए सूर्य की ओर देखा और कहा, 'मुझे ठीक मध्याह्न में शंख फूँकना है। आप जल्दी बताइए उत्तर दिशा किधर है ?'

'आप चारों ओर घूमकर सभी दिशाओं में इसे फूँक दीजिए, पाप तो सर्वत्र फैला हुआ है।'

'नहीं, केवल उत्तर दिशा में। गुरुजी की यही आज्ञा है। उत्तर में सत्ता का केन्द्र है। पहले उसे अधिकार में लेना होगा। फिर वहीं से सर्वत्र पुण्य फैलेगा। बताइए, शीघ्र बताइए। मेरी सात दिनों की मन्त्र-साधना इस छोटी-सी सूचना के अभाव में नष्ट हुई जाती है।'

दोपहर का समय, कोई जानकार व्यक्ति वहाँ से गुजर भी नहीं रहा था। पानवाले, लांड्रीवाले, पनचक्कीवाले से पूछना व्यर्थ। तभी मैंने देखा—दो लड़के कन्धों पर बस्ता रखे चले जा रहे हैं। मैंने उन्हें रोका और बच्चों के कार्यक्रम के कंपीअरवाली मधुरता से पूछा, 'अच्छा बच्चो, ज़रा यह तो बताओ कि यदि हमें कभी यह पता लगाना हो कि उत्तर दिशा कहाँ है, तो हम क्या करेंगे ?'

वे आश्चर्यपूर्ण मिचमिची आँखों से कुछ देर मेरी ओर देखते रहे। फिर उनमें से एक जो अपेक्षाकृत तेज था, उसने कहा, 'ध्रुवतारा उत्तर दिशा में चमकता है। यदि हम उस ओर देखते हुए सीधे खड़े रहें, तो हमारे सामने उत्तर, पीठ पीछे दक्षिण, दाहिनी ओर...'

'शाबाश बच्चो, मगर जैसे दिन का समय हो और किसी को यह जानना हो कि उत्तर दिशा कहाँ है, तो उसे क्या करना होगा ?' मैंने रोककर फिर पूछा।

'इसके लिए हमें कुतुबनुमा देखना चाहिए, जिसकी सुई सदैव उत्तर दिशा बतलाती है।'

'शाबाश बच्चो, धन्यवाद !' फिर मैंने दिव्य व्यक्ति से पूछा, 'आपके पास कुतुबनुमा है ?'

'क्या होता है कुतुबनुमा ?' दिव्य उत्तर मिला।

'अच्छा बच्चो, यदि किसी के पास कुतुबनुमा न हो, तो वह उत्तर दिशा कैसे पहचानेगा, ज़रा यह तो बताओ।'

'यह हमें नहीं पता।'

'हमारे कोर्स में नहीं है।' दूसरे बच्चे ने कहा।

मैंने दिव्य व्यक्ति की ओर असहाय दृष्टि से देखा। जवाब में उन्होंने सूर्य की ओर देखा, फिर शंख की ओर देखा।

'एक कुतुबनुमा इस समय होना जरूरी है।'

'क्या होता है कुतुबनुमा ?'

'एक प्रकार का यन्त्र होता है, जो दिशा बताता है।'

'धिक्कार है, हम दिशा जानने के लिए भी यान्त्रिकता के गुलाम हो गए। दिशाएँ, जो चिरकाल से अटल हैं और सदा रहेंगी परन्तु हम उन्हें भूल गए। हम सब कुछ भूल गए।'

'ठीक कह रहे हैं आप। मैं तो शंख बजाना भी भूल गया। छोटा था, तब खूब बजा लेता था। हमारी क्रिकेट टीम के किसी खिलाड़ी का एक रन भी बन जाता या हमारे बालक से एक विकेट भी आउट हो जाता तो मैं खुशी में बाउंड्री पर खड़ा शंख बजाया करता था।' मैंने कहा।

'साधना का यह चरम क्षण व्यर्थ जा रहा है बाबू, मैंने सात दिनों तक मन्त्र-साधना कर इस शंख में वह शक्ति उत्पन्न की है कि जिधर फूँक दूँ, वही दिशा भस्म हो जाए, पर मुझे यह बतानेवाला कोई नहीं है कि उत्तर दिशा कहाँ है ? कहाँ है उत्तर दिशा, कहाँ है ?' उन्होंने व्यथित स्वरों से कहा और शंख हाथ में लेकर चारों ओर घूमने लगे और उनके साथ मैं भी घूमने लगा।

क्या किया जा सकता था ? उनकी पीड़ा उस ऐक्टर की तरह थी, जो महाभारत ड्रामे में पार्ट कर रहा हो—'हाय, यह ब्रह्मास्त्र कहीं

गलत न छूट जाए, कोई मुझे इतना बता दे कि उत्तर दिशा कहाँ है ? कहाँ है ! कहाँ है उत्तर दिशा, नाथ !'

वह तेजोमय उन्नत ललाटवाला व्यक्ति अपने करों में एक दिव्य शक्ति-सम्पन्न शंख लिए खड़ा पूछ रहा है–'उत्तर दिशा कहाँ है !' इसका उत्तर किसी के पास नहीं है। सच यह है कि कुतुबनुमा नहीं है। एक वैज्ञानिक तथ्य का अभाव सारी मन्त्रबल की, आत्मबल की शक्ति को निरर्थक कर रहा है।

'परम श्रद्धेय !' मैंने हाथ जोड़कर कहा, 'जब तक शंख से कुतुबनुमा अटैच नहीं होगा, आपकी साधना इसी प्रकार व्यर्थ जाएगी। कुतुबनूमा अनिवार्य है, शंख की तरह ही अनिवार्य है।'

उन्होंने अपने दिव्य नेत्रों से मेरी ओर यों देखा, जैसे वे किसी परम नास्तिक की ओर देख रहे हों, जिसे भारतीय संस्कृति का मर्म नहीं मालूम। मैं डर गया। कहीं आवेश में वे अपना शंख मुझ पढ़े-लिखे पर ही नहीं फूँक दें, जो उत्तर दिशा नहीं जानता।

सूर्य अपनी बारह बजेवाली ऊँचाई से हट रहा था। साधना का उच्चतम क्षण खिसक रहा था। तेजोमय ललाट का वह दिव्य व्यक्ति काफी देर तक चौराहे पर निराश-सा पैर पटकता रहा और फिर अपना शंख लिए एक ओर चला गया।

मैं क्या कर सकता था ! पता नहीं, उत्तर थी या दक्षिण, मगर पानवाले की दिशा में बढ़ जाने के अतिरिक्त मैं क्या कर सकता था !

सरकार का जादू

जादूगर मंच पर आकर खड़ा हो गया। उसने नमस्कार, सलाम और गुड इवनिंग कहा, फिर एयर इंडिया के राजा की नम्र मुद्रा में झुका, उठा और अपनी दर्शन मोहिनी मुस्कान का प्रदर्शन करने के बाद कहने लगा, 'देवियो और सज्जनो, हम जो प्रोग्राम आपके सामने पेश करने जा रहे हैं, वह हमारे मुलुक का, हमारे देश का प्रोग्राम है जो बरसों से चल रहा है और मशहूर हुआ है। अभी तक लाखों लोगों ने इसे देखा है और इसकी तारीफ की है। देवियो और सज्जनो, यह हमारे मुलुक का प्रोग्राम है, आप देखिए और हमें अपना आशीर्वाद दीजिए।' इतना कहकर जादूगर फिर उसी नम्र मुद्रा में झुका और जब उसने झटके से सिर उठाया, जोरदार पार्श्वसंगीत बजने लगा और खेल चालू हो गया।

'फर्स्ट आइटम आफ दि प्रोग्राम : 'अप्लीकेशन टू द गवर्नमेंट, सरकार कू दरखास्त !' जादूगर ने कहा और बायाँ हाथ विंग्स की तरफ उठाया कि दो लड़कियाँ वहाँ से निकलीं। उनके हाथों में स्टूल और बन्द

डिब्बे थे। एक डिब्बे पर लिखा था आवक और दूसरे पर जावक। लड़कियों ने जादूगर के दोनों ओर स्टूल रख दिए, उन पर डिब्बे जमा दिए और पीछे खड़ी हो उस आश्चर्य-मिश्रित मुस्कुराहट से देखने लगीं जैसे जादूगर की सहायिकाएँ देखती हैं। जादूगर ने सबको दिखाया कि डिब्बे खाली हैं।

'सरकार कू दरखास्त ! आवक का डिब्बा में दरखास डालेंगा तो जावक का डिब्बा में जवाब मिलेंगा। मिलेंगा तो मिलेंगा आदरवाइज नईं भी मिलेंगा। अप्लाय अप्लाय नो रिप्लाय।' जादूगर ने कहा और तभी विंग्स से एक व्यक्ति अनेक आवेदन-पत्र लेकर आया और उसने जादूगर के हाथों में थमा दिए। जादूगर ने दर्शकों की ओर देखा और कहा, 'आरे आज बहुत सारा दरखाश है। हाम इसकू गोबरमेण्ट को भेजता है', इतना कहकर उसने आवक के डिब्बे में एक-एक कर आवेदन-पत्र डालने शुरू कर दिए। फिर डिब्बे को बन्द कर दिया। यह सारा काम उसने पार्श्वसंगीत की एक लहर के साथ किया। उसने डिब्बे को बन्द किया और जादू की छड़ी घुमायी। फिर आवेदन-पत्र, लानेवाले से बोला, 'तुम इदर काय कू खड़ा है ?'

'अप्लीकेशन का जवाब माँगता है, सर !'

'ओ, आवक में दरखास डालेंगा तो जावक में जवाब आएंगा। इधर देखो।'

वह व्यक्ति जावक का डिब्बा देखता है। वह भी खाली है।

'ओय, गोबरमेंट ने जुवाब नईं दिया। इदर आवक में देखो फारवर्ड हुआ कि नईं ?'

आवक के डिब्बे से भी सारे आवेदन-पत्र गायब हो चुके हैं।

'सारा आप्लीकेशन किदर गिया ?'

'किदर गिया ?'

'किदर गिया ?'

'किदर गिया ?'

जादूगर और आवेदन करनेवाले के चेहरे पर हैरानी-परेशानी के

नकली भाव हैं।

'कोई बात नईं, फिर से अप्लाय करो। नया दरखास लगाओ।' जादूगर बोला।

वह व्यक्ति अन्दर जाकर फिर कुछ आवेदन-पत्र लाया। जादूगर ने उसे सबको दिखाकर आवक के डिब्बे में बन्द किया, छड़ी घुमायी। फिर डिब्बा खोला तो सारे आवेदन-पत्र गायब थे। फिर उसने जावक के दाहिने हाथ की ओर रखा डिब्बा खोला और देखा कि सारे आवेदन-पत्र आवक से गायब होकर जावक में आ गए थे मगर उन सब पर अब 'रिजेक्ट' लिखा हुआ था। जादूगर ने सारे आवेदन-पत्र उस व्यक्ति को लौटा दिए।

'ये साब आप्लीकेशन तो रिजेक्ट हो गिया।' व्यक्ति ने करुण स्वर से कहा।

'क्या बतायेंगा, इंडिया गबरमेंट, गरीब का आप्लीकेशन रिजेक्ट नईं होयंगा तो क्या होयंगा।' जादूगर हँसकर बोला।

दूसरा व्यक्ति सिर लटकाकर जाने लगा। जादूगर ने उसे बुलाया और कान में एक बात कही। वह व्यक्ति तेजी से अन्दर गया, कुछ आवेदन-पत्र, पिन की डिबिया और नोट की गड्डी लेकर आ गया। उसने हर आवेदन-पत्र से पिन लगाकर कुछ नोट नत्थी किये और जादूगर को दिए। जादूगर ने उन्हें आवक के डिब्बे में रखा और छड़ी घुमायी। डिब्बे को खोला, आवेदन-पत्र गायब थे। दूसरा जावक का डिब्बा खोला, आवेदन सारे वहाँ आ गए थे। मगर उनसे रुपयों के सारे नोट निकल चुके थे, लेकिन इस बार सारे आवेदनों पर लिखा था 'सैंक्शन।'

'कांग्रेचुलेशंस, तोमारा सारा आप्लीकेशन सैंक्शन हो गिया।' जादूगर ने कहा और दर्शकों की ओर नम्र मुद्रा में झुका। दर्शकों ने तालियाँ बजाईं। जादूगर बोला, 'आप्लीकेशन टु द गबरमेंट, सरकार कू दरखास्त !' और संगीत जोर से बजने लगा। लड़कियों ने स्टूल और डिब्बे उठाए और अन्दर चली गईं। वह व्यक्ति भी चला गया।

नेक्स्ट आयटम ऑफ दि प्रोग्राम : 'करप्शन ऑफ इंडिया—भारत में भ्रष्टाचार।' जादूगर ने घोषणा की और वह मंच के दाहिने कोने पर आया जहाँ एक छोटी टेबल पर रुपयों से भरी एक थैली रखी थी। जादूगर ने थैली उलटायी और रुपये नीचे रखे डिब्बे में गिरने लगे।

'ये करप्शन की, भ्रष्टाचार की थैली है भाई साहब, इसका रुपया कभी खतम नहीं होगा। थैली पर नजर रखिए साहबान, इसका रुपया कभी खतम नहीं होगा।' इतना कहने के बाद जादूगर ने उस थैली से, जिसमें से सारे रुपए निकल चुके थे, नये सिरे से उतने ही और रुपये निकालकर दिखा दिए और थैली वहीं रख दी।

'करप्शन कभी खत्म नहीं होंगा, थैली कभी खाली नहीं होंगी। थैली पर नजर रखिए साहबान !' जादूगर बोला, झुका और उसने घोषणा की—नेक्स्ट आयटम ऑफ दि प्रोग्राम : 'टूरिज्म इन इंडिया—भारत की सैर !'

संगीत जोर से बजने लगा। लड़कियाँ इस बार मन्दिर के आकार का हल्की लकड़ी का ढाँचा उठाकर लायीं जिसके चारों दरवाजों पर रंगीन परदे लगे हुए थे और एक व्यक्ति उसमें सीधा खड़ा हो सकता था। जादूगर ने परदे हटाकर दर्शकों को बताया कि मन्दिर खाली है। तभी गोरी चमड़ी का एक सूट-बूटधारी शख्स सूटकेस ले विंग्स से आया।

'गुड इवनिंग सर, क्या माँगता है ?' जादूगर ने उससे पूछा।

'इंडिया विजिट करना माँगता।'

'वेलकम, वेलकम, सुवागत है आपका।' जादूगर ने झुककर कहा और मन्दिर का एक परदा हटा दिया। विदेशी व्यक्ति उसमें प्रवेश कर गया। जादूगर ने परदा गिरा जादू की लकड़ी घुमायी। विदेशी बाहर आया। उसके हाथ में सूटकेस नहीं था।

'सर, आपका सूटकेस किदर गिया ?' जादूगर ने पूछा।

'बनारस में चोरी चला गया।'

'वेरी सॉरी सर।' कहकर जादूगर ने मन्दिर का दूसरा परदा उठा दिया।

विदेशी अन्दर घुसा। जादूगर ने परदा डाल जादू की लकड़ी घुमाई, विदेशी फिर बाहर निकला। इस बार उसके बदन पर कोट नहीं था।

'सर, आपका कोट किदर गिया ?' जादूगर ने पूछा।

'आगरा में बेचकर होटल का बिल पेमेंट किया।'

'वेरी गुड सर।' जादूगर ने मन्दिर का तीसरा परदा उठाया और विदेशी फिर अन्दर घुस गया। जादूगर ने छड़ी घुमायी और इस बार जब विदेशी बाहर आया वह सिर्फ एक पतलून पहने था।

'आपका कोमीज किदर गिया सर ?'

'तुमारा इंडिया का एक होली मैन साधू ने हमसे ले लिया।'

'वेरी फाइन सर।' जादूगर ने कहा और मन्दिर का चौथा परदा उठाया। इस बार जब विदेशी मन्दिर से बाहर निकला, उसके शरीर पर पतलून भी नहीं था और वह 'विजिट इंडिया' का पोस्टर लपेटे हुए था।

'वेरी सॉरी सर, आपका पटलून किदर गिया ?'

'उसकू बेचकर हमने अपना कंट्री रिटर्न होने का टिकट खरीद लिया।'

'गुड बाइ सर, विजिट इंडिया अगेन, फेर को तोशरीफ लाइए।'

विदेशी व्यक्ति पोस्टर से बदन लपेटे विंग्स में चला जाता है। लड़कियाँ मन्दिर के सारे पर्दे उठाकर बताती हैं कि सूटकेस या उसके कपड़े आदि वहाँ नहीं हैं। जादूगर नम्र मुद्रा में झुकता है। दर्शक तालियाँ बजाते हैं।

नेक्स्ट आयटम : 'करप्शन आफ इंडिया—भारत में भ्रष्टाचार' की घोषणा करता हुआ जादूगर फिर उसी थैली के पास पहुँचता है जिसे वह खाली कर आया था। भ्रष्टाचार की खाली थैली भर गयी है अब तक। जादूगर उसे उलटता है, रुपया निकलकर नीचे डिब्बे में गिरता है।

'भ्रष्टाचार कभी खतम नईं होएँगा साहेब, थैली कभी खाली नईं होएँगा। थैली पर नजर रखिए साहबान।' जादूगर कहता है। और अपनी जगह लौटकर नये कार्यक्रम की घोषणा करता है—'फॉरेन पालिसी : अमारा विदेश-नीति।'

लड़कियाँ स्टूल पर एक लकड़ी का बड़ा-सा डिब्बा रख देती हैं। जादूगर दर्शकों को बताता है कि डिब्बा सब तरफ से खुलता है।

'ये फॉरिन पालिसी—विदेश-नीति है साहबान, डिब्बा सब बाजू से खुलता है। इस बाजू से अमरीका से बात करेंगा। इस बाजू से रूस से बात करेंगा। इदर से इंग्लैण्ड से बात करेंगा। इदर से फ्रांस से बात करेंगा। डिब्बा सब बाजू से खुलता है।' जादूगर डिब्बा बन्द कर देता है। फिर कहता है, 'साहबान, ये हमारा फॉरिन पालिसी है। अब हम देखेंगा कि उसमें क्या-क्या है ?'—वह जादू की लकड़ी घुमाता है, डिब्बे को खोलता है और उसमें से कबूतर निकलता है।

'कबूतर, पीस डोव, शान्ति का पाखी। हमारा कंट्री सबसे पीस चाहता है।' जादूगर फिर डिब्बे में हाथ डालता है और एक कटोरा निकालता है। दर्शकों को बताकर कहता है, 'ये फॉरेन एड—विदेश की मदद—का कटोरा है साहबान।' वह कटोरा लड़की को देता है और बोलता है, 'अमरीका का वास्ते', फिर डिब्बे में हाथ डाल एक और कटोरा निकालता है—'रूस का वास्ते !' फिर एक और कटोरा—'कनाडा का वास्ते,' फिर एक और—'फ्रांस का वास्ते !' और इसी तरह वह देशों का नाम लेता जाता है और विदेश-नीति के उस छोटे से खाली डिब्बे से सहायता के लिए कटोरे निकलते जाते हैं।

दर्शक तालियाँ बजा रहे हैं। कटोरे निकलते जा रहे हैं।

नेक्स्ट आयटम आफ दि प्रोग्राम : 'इकॉनामिक्स आफ इंडिया—भारत का अर्थशास्त्र।' जादूगर ने कहा और लड़कियों ने उसकी दोनों ओर दो बड़े टेबल रखे जिन पर दो बड़े डिब्बे रखे गए। एक पर लिखा था : सार्वजनिक क्षेत्र और दूसरे पर निजी क्षेत्र। दोनों डिब्बे खोलकर दिखाए गए। वे खाली थे। लड़कियाँ दो मुर्गियाँ लेकर आईं। जादूगर

ने एक मुर्गी सार्वजनिक क्षेत्र के डिब्बे में रखी और दूसरी निजी क्षेत्र के। जादू की लकड़ी घुमायी और सबसे पहले निजी क्षेत्र का डिब्बा खोला। मुर्गी बाहर आयी और उसके बाद जादूगर ने दस ताजे अंडे निकालकर दिखाए। दर्शकों ने तालियाँ बजाईं। उसके बाद जादूगर ने सार्वजनिक क्षेत्र का डिब्बा खोला। वहाँ से मुर्गी भी गायब थी। कुछ नुचे हुए पंख मिले।

'आय, अंडा मिलना तो दूर, इदर पब्लिक सेक्टर का मुर्गी भी साफ हो गिया।'

जादूगर ने इस बार पाँच अंडे सार्वजनिक क्षेत्र के डिब्बे में और पाँच अंडे निजी क्षेत्र के डिब्बे में रखे। डिब्बों को बन्द किया और जादू की लकड़ी घुमायी। डिब्बों को खोला तो निजी क्षेत्र के पाँच अंडे गायब थे, मगर उनकी जगह पाँच चूजे बाहर आए। सार्वजनिक क्षेत्र के डिब्बे से पाँच अंडे गायब थे मगर चूजा नहीं निकला।

'कैसा है पब्लिक सेक्टर साहबान, मुर्गी भी गायब हो गया, अंडा रखा तो अंडा भी गायब हो गया। थोड़ा जाँच–इंक्वारी करना होगा।' जादूगर मंच से उतरा। सामने की पंक्ति में बैठे एक मिनिस्टर साहब की जेब से एक अंडा निकालकर दिखाया। कुछ दूर एक आई. ए. एस. अधिकारी बैठे थे, उनकी नाक से अंडा टपकाकर निकाला। थोड़ी दूर पर एक ट्रेड यूनियन नेता बैठे थे, उनकी टोपी उठाकर अंडा उसमें से निकाला। एक इंजीनियर की बगल से निकाला। एक बाबू की जेब से निकाला।

'ये वो पाँच अंडा है साहबान जो पब्लिक सेक्टर से गायब हो गिया था। हाम नहीं पकड़ता तो साब उसका आमलेट बनाकर खा जाता।' जादूगर ने कहा और दर्शकों ने तालियाँ बजाईं।

'नेक्स्ट आयटम आफ दि प्रोग्राम : 'करप्शन आफ इंडिया–भारत में भ्रष्टाचार।' थैली पर नजर रखिए साहबान। यह करप्शन का थैली है। इसका रुपया कभी कम नहीं होता।' जादूगर ने मंच के कोने पर रखी थैली को फिर उलटा और उससे रुपया निकलने लगा।

'करप्शन कभी खतम नईं होयंगा साहबान।' जादूगर ने कहा और नई घोषणा की 'स्मगलर्स पैरेडाइज़–तस्करबाजों का स्वर्ग।'

लड़की ने जादूगर के हाथ में एक थैला दिया। जादूगर ने दर्शकों को बताया कि वह खाली है। तभी विंग्स से पुलिस की पोशाक में एक व्यक्ति दाखिल हुआ।

'ऐ, थैले में क्या है ? स्मगल का सामान ?' पुलिसवाले ने पूछा।

'कुछ नहीं है। हवलदार साब !' जादूगर ने खाली थैला दिखा दिया।

पुलिसवाला चला गया। दूसरी ओर से एक व्यक्ति ने प्रवेश किया। जादूगर ने पूछा, 'स्मगल का माल खरीदेंगा साब, वाच, घोड़ी, सेंवंटीन ज्वेल, नायलान, सूटपीस, ब्लेड, जो माँगेगा हम देंगा।' और फिर जादूगर ने उसी खाली थैले से घड़ियाँ निकालकर देना शुरू कर दिया। हर बार वह हाथ डालता और घड़ियाँ निकालता। खरीदनेवाला उन्हें लेता जाता। पुलिसवाला फिर आया। जादूगर ने दिखा दिया कि थैला खाली है। वह चला गया। अब जादूगर तस्करी का और सामान थैले से निकालकर देने लगा। नायलन का थान, टेपरिकार्डर, कैमरे, रेजर आदि। पुलिसवाला फिर आता है। जादूगर खाली झोला दिखा देता है। पुलिसवाला जाने लगता है। जादूगर उसे आवाज देकर बुलाता है और उसी झोले से एक घड़ी निकालकर पुलिसवाले को भी दे देता है। वह पहनता हुआ खुश-खुश चला जाता है।

जनता तालियाँ बजा रही है। जादूगर 'करप्शन आफ इंडिया–भारत में भ्रष्टाचार' को फिर दोहराता है।

'करप्शन कभी खतम नईं होंगा साहबान, थैली पर नजर रखिए।'

नया कार्यक्रम था–'निपोटिज्म–भतीजावाद' !

मंच पर एक जवान लड़का आता है। जादूगर पूछता है, तुम कौन हो। लड़का बताता है कि वह मंत्री महोदय का भतीजा है। जादूगर उसे एक टेबल पर लिटा देता है।

'देखिए साहबान, हमारे मुल्क में भतीजावाद कैसे ऊपर उठता है।

वह बिना कुछ किए ऊपर उठता है। कोई साधारण आदमी उतना ऊपर नहीं उठ सकता जितना भतीजा उठता है। जादूगर छड़ी घुमाता है। और टेबल पर सीधे लेटा हुआ भतीजा धीरे-धीरे ऊपर उठने लगता है। वह अधर में स्थापित हो जाता है।

जनता तालियाँ बजाती है। जादूगर नम्रता से झुकता है।

नेक्स्ट आयटम आफ दि प्रोग्राम : 'डेमोक्रेसी इन इंडिया—भारत में प्रजातन्त्र।'

तेल के ड्रम या शराब के पीपे के आकार की बड़ी कोठियाँ मंच पर रख दी जाती हैं, जिनमें एक व्यक्ति चाहे तो पूरा छुप सके। हर ड्रम पर एक राजनीतिक दल का नाम लिखा हुआ है। एक नेता मंच पर आता है।

'आपका तारीफ ?' जादूगर पूछता है।

'हम लीडर है, नेता !'

'कौन-से दल का नेता ?'

'जिनका मेजारिटी हो उसका नेता ?'

जादूगर नेता को एक ड्रम में उतार देता है, ढक्कन रख देता है और जादू की लकड़ी घुमाता है। नेता एक दूसरे ड्रम से बाहर निकलता है।

'आय ! यह तुम क्या किया ?'

'हम दलबदल किया।'

नेता फिर उस ड्रम में छुप जाता है। जादूगर लकड़ी घुमाता है। नेता इस बार फिर नये ड्रम से प्रकट होता है।

दर्शक तालियाँ बजाते हैं। आश्चर्य में हैं कि एक जगह घुसा नेता दूसरी जगह फिर कैसे निकल आता है। जादूगर झुककर बोलता है, 'डेमोक्रेसी इन इंडिया—भारत में प्रजातन्त्र !'

जादूगर आखिरी जादू दिखाता है—'गरीब का पेट।'

मंच पर एक यन्त्र लगाया जाता है। बिजली से चलनेवाला आरा, जो हर चीज़ काट देता है। मंच पर मैले कपड़े पहने गरीब-सा

दुबला-पतला व्यक्ति आता है। जादूगर उसे टेबुल पर लिटा देता है और आदर्शवादी भाषणों से हिप्नोटाइज़ कर देता है। यन्त्र चालू होता है, आरा पेट पर है, पेट कटने लगता है, कट जाता है।

'यह यंत्र हमारे देश का बना यन्त्र है साहबान और यह गरीब का पेट है, जिसे यह यन्त्र काट रहा है।'

लोग स्तब्ध हैं, फिर तालियाँ बजाने लगते हैं।

'पिछले तेईस साल से हम यह जादू इस देश में हर जगह दिखा रहे हैं। हमें आशीर्वाद दीजिए, देवियो और सज्जनो कि हम आपकी खिदमत में पेश होते रहें और ऐसे ही जादू दिखाकर मुल्क का नाम ऊँचा करें। जयहिन्द !'

जादूगर नम्र अदा से झुकता है। तालियाँ बजती रहती हैं।

जीप पर सवार इल्लियाँ

इतना मैं निश्चित रूप से कह सकता हूँ कि चने के पौधे होते हैं, पेड़ नहीं होते। चने का जंगल नहीं होता है, खेत होते हैं। यदि खेत नहीं होते तो बताइए यह गीत कैसे बना है कि 'समधन तेरी घोड़ी चने के खेत में' यह पुष्ट प्रमाण है कि चने के खेत होते हैं। चंने के झाड़ पर चढ़नेवाली बात सरासर गलत है, कपोल-कल्पना है। इससे आगे चने के बारे में मेरी जानकारी उतनी ही है, जितनी हर बेसन खानेवाले की होती है कि वाह क्या बात है आदि। मुझसे यदि चने पर भाषण देने के लिए कहा जाए, तो मैं कुछ यों शुरू करूँगा कि भाइयो, जिस तरह सूर्य मेरे मकान के बाजू उगकर उस बाजू डूब जाता है, उसी तरह चना भी खेत में उगकर आदमी अथवा घोड़े के मुँह में डूब जाता है। इतना कहकर मैं अपना स्थान ग्रहण कर लूँगा, यह भय बताकर कि समय अधिक हो रहा है। बात यह है कि मैं मुँह में पानी आ जाने के कारण अधिक बोल नहीं सकूँगा। चना मेरी कमजोरी है। यह कमजोरी मुझे

ताकत देती है। सिर्फ खाते समय, बोलते समय नहीं।

पर इधर शहर के अखबारों में चने की चर्चा ज़रा जोर पर है। इन दिनों मौसम ख़राब रहा। हम तो घर में घुसे रहे। पर पता लगा कि बाहर पानी गिरा और ठण्ड बढ़ गयी। इसका नतीजा यह हुआ कि शहर के आस-पास चने के खेत में इल्ली लग गई। अखबारों में शोर हुआ कि चने में इल्ली लग गई है और सरकार सो रही है वगैरह। एक अखबार ने चने के पौधे पर बैठी इल्ली की तस्वीर भी छापी, जिसमें इल्ली सचमुच में सुन्दर लग रही है। चना हमने भी कम नहीं खाया, पर देखिए पक्षपात कि तस्वीर इल्ली की छपी।

मैं इल्ली के विषय में कुछ नहीं जानता। कभी परिचय का सौभाग्य नहीं प्राप्त हुआ। इल्ली से बिल्ली और दिल्ली की तुक मिलाकर एक बच्चों की कविता लिख देने के सिवाय मेरी समझ में नहीं आ रहा था कि क्या करूँ, पर लोग थे कि इल्ली का जिक्र ऐसे इतमीनान से करते थे, जैसे पड़ोस में रहती हो।

मेरे एक मित्र हैं। ज्ञानी हैं यानी पुरानी पोथियाँ पढ़े हुए हैं। मित्रों में एकाध मित्र बुद्धिमान भी होना चाहिए। इस नियम को मानकर मैं उनसे मित्रता बनाए हुए हूँ। एक बार विद्वत्ता की झोंक में उन्होंने बताया था एक नाम 'इला'। कह रहे थे कि अन्न की अधिष्ठात्री देवी हैं इला यानी पृथ्वी। मुझे बात याद रह गई। जब इल्ली लगने की खबरें चलीं, तो मैं सोचने लगा कि इस 'इला' का 'इल्ली से क्या सम्बन्ध ? इला अन्न की अधिष्ठात्री देवी हैं और इल्ली अन्न की नष्टार्थी देवी। धन्य है। ये इल्लियाँ इसी इला की पुत्रियाँ हैं। अपनी ममी मादाम इला की कमाई खाकर अखबारों में पब्लिसिटी लूट रही हैं। मैं अपने इस इला-इल्ली ज्ञान से प्रभावित हो गया और सोचने लगा कि कोई विचार-गोष्ठी हो, तो मैं अपनी बुद्धि का प्रदर्शन करूँ। पर ये कृषि-विभाग वाले अपनी गोष्ठी में हमें क्यों बुलाने लगे। इधर मैं अपने ज्ञानी मित्र से इल्ली के विषय में अधिक जानने हेतु मिलने को उतावला

होने लगा। मेरी पुत्री ने तभी इल्ली-सम्बन्धी अपने ज्ञान का परिचय देते हुए अपना 'प्राकृतिक विज्ञान' : भाग चार देखकर कहा कि इल्ली से तितली बनती है। तितली जो फूलों पर मँडराती है, रस पीती, उड़ जाती है। मेरे अन्तर में एक कवि है, जो काफी हूट होने के बाद सुप्त हो गया है। तितली का नाम सुनते वह चौंक उठा और इल्ली के समर्थन में भाषण देने लगा कि यह तो बाग की शोभा है। मैंने कहा : अबे गोभी के बिग फूल तैने कभी अखबार पढ़ा, ये इल्लियाँ चने के खेत खा रही हैं और अगले वर्ष भाजिए और बेसन के लड्डू महँगे होने की संभावना है, मूर्ख, चुप रह ! कवि चुप क्यों रहने लगा ? मैंने दुबारा बुलाने का आश्वासन दिया, तब माइक से हटा।

जब अखबारों ने शोर मचाया, तो नेताओं ने भी भाषण शुरू किए या शायद नेताओं ने भाषण दिए, तब अखबारों ने शोर मचाया। पता नहीं पहले क्या हुआ ? खैर, सरकार जागी, मंत्री जागे, अफसर जागे, फाइल उदित हुई, बैठकें चहचहायीं, नींद में सोए चपरासी कैंटीन की ओर चाय लेने चल पड़े। वक्तव्यों की झाडुएँ सड़कों पर फिरने लगीं। कार्यकर्ताओं ने पंख फड़फड़ाए और वे गाँवों की ओर चले। सुबह हुई। रेंगती हुई रिपोर्टों ने राजधानी को घेर लिया और हड़बड़ाकर आदेश निकले। जीपें गुर्राईं। तार तानकर इल्ली का मामला दिल्ली तक गया और ठेठ हिन्दी के ठाठ में कार्यवाहियाँ हुईं कि खेतों पर हवाई जहाज सन्ना कर दवाइयाँ छिड़कने लगे। हेलीकॉप्टर मँडराने लगे। किसान दंग रह गए। फसल बची या नहीं क्या मालूम, पर वोट मजबूत हुए। इस बात को विरोधियों ने भी स्वीकार किया कि अगर ऐसे ही हवाई जहाज खेतों पर दवा छिड़कते रहे, तो अपनी जड़ें साफ हो जाएँगी। शहर के आसपास यह होता रहा, पर बन्दा अपना छह पृष्ठ का अखबार दस पैसों में पढ़ता यहीं बैठा रहा। स्मरण रहे आलसियों की यथार्थवाद पर पकड़ हमेशा मजबूत रहती है।

एक दिन एक कृषि-अधिकारी ने कहा, चलो, इल्ली-उन्मूलन की प्रगति देखने खेतों में चलें। तुम भी बैठो हमारी जीप में। मैंने सोचा

चलो इसी बहाने पता लग जाएगा कि चने के पौधे होते हैं या झाड़, और मैं जीप में सवार हो लिया। रास्ते-भर मैं उसके विभाग के अन्य अफसरों की बुराइयाँ करता उसका मनोरंजन करता रहा। कोई डेढ़ घंटे बाद हम एक ऐसी जगह पहुँच गए, जहाँ चारों तरफ खेत थे। वहाँ एक छोटा अफसर खड़ा इस बड़े अफसर का इन्तजार कर रहा था। हम उतर गए। मैंने गौर से देखा चने के पौधे होते हैं। खेत होते हैं यानी समधन की घोड़ी गलत नहीं खड़ी थी। वह वहीं खड़ी थी, जहाँ हमारी जीप खड़ी थी।

हम पैदल चलने लगे। चारों ओर खेत थे, मैंने एक किसान से पूछा, 'तुम जब खेतों को खोदते हो तो क्या निकलता है ?'

वह समझा नहीं। फिर बोला, 'मिट्‌टी निकलती है।'

'इसका मतलब है प्राचीन काल में भी यहाँ खेत ही थे।' मैंने कहा। मेरी ज़रा इतिहास में रुचि है। खुदाई करने से इतिहास पता लगता है। अगर खुदाई करने से नगर निकले, तो समझना चाहिए कि यहाँ प्राचीन काल में नगर था और यदि सिर्फ मिट्‌टी निकले तो समझना चाहिए कि यहाँ प्राचीन काल में खेत थे। और यदि मिट्‌टी भी नहीं निकले तो समझना चाहिए कि खेत नहीं थे।

आगे-आगे बड़ा अफसर छोटे अफसर से बातें करता जा रहा था।

'इस खेत में तो इल्लियाँ नहीं हैं ?' बड़े अफसर ने पूछा।

'जी नहीं हैं।' छोटा अफसर बोला।

'कुछ तो नजर आ रही हैं।'

'जी हाँ, कुछ तो हैं।'

'कुछ तो हमेशा रहती हैं।'

'जी हाँ, कुछ तो हमेशा रहती हैं।'

'खास नुकसान नहीं करतीं।'

'जी, खास नुकसान नहीं करतीं।'

'फिर भी खतरा है।'

'खतरा तो है।'

'कभी भी बढ़ सकती हैं।'

'जी हाँ, बढ़ सकती हैं।'

'सुना, सारा खेत साफ कर देती हैं ?'

'बिलकुल साफ कर देती हैं।'

'इस खेत पर छिड़काव हो जाना चाहिए।'

'जी हाँ, हो जाना चाहिए।'

'जैसा आप फरमाएँ।' छोटे अफसर ने नम्रता से कहा। फिर वे दोनों चुपचाप चलने लगे।

'जैसी पोजीशन हो मुझे बताना, मैं हुक्म कर दूँगा।'

'मैं जैसी पोजीशन होगी, आपके सामने पेश कर दूँगा।'

'और सुनो।'

'जी, हुक्म।'

'मुझे चना चाहिए, हरा। घर ले जाना है। जीप में रखवा दो।'

'अभी रखवाता हूँ।'

छोटा अफसर किसान की तरफ लपका।

'ओय क्या नाम है तेरा ?'

किसान भागकर पास आया। छोटे अफसर ने उससे घुड़ककर कहा, 'अबे तेरे खेत में इल्ली है ?'

'नहीं है हुजूर।'

'अबे थी ना, वो कहाँ गई ?'

'हुजूर पता नहीं, कहाँ गई।'

'अबे बता कहाँ गई सब इल्ली ?'

किसान हाथ जोड़ काँपने लगा। उसे लगा इस अपराध में उसका खेत जब्त हो जाएगा। छोटे अफसर ने क्रोध से सारे खेत की ओर देखा और फिर बोला, 'अच्छा खैर, ज़रा हरा-हरा चना छाँटकर साहब की जीप में रखवा दे। चल ज़रा जल्दी कर।'

किसान खेत से चने के पौधे उखाड़ने लगा। छोटा अफसर उसके सिर पर तना खड़ा था। इधर मैं और वह बड़ा अफसर चहलकदमी

करते रहे, वह बोला, 'मुझे खेतों में अच्छा लगता है। यहाँ सचमुच जीवन है, शान्ति है, सुख है।' वह जाने क्या-क्या बोलने लगा। उसने मुझे मैथिलीशरण गुप्त की ग्राम-जीवन पर लिखी कविता सुनाई, जो उसने कभी आठवीं कक्षा में रटी थी। कहने लगा कि मेरे मन में जब यह कविता उठती है, मैं जीप पर सवार हो खेतों में चला आता हूँ। मैं बूट तोड़ते किसान की ओर देखता सोचने लगा—गुप्तजी को क्या पता था कि वे कविता लिखकर क्या नुकसान करवा देंगे।

कुछ देर बाद हम लोग जीपों पर सवार हो आगे बढ़ गए। किसान ने हमें जाते देख राहत की साँस ली। जीप में काफी हरा चना ढेर पड़ा था। मैं खाने लगा। वे लोग भी खाने लगे। एकाएक मुझे लगा कि जीप पर तीन इल्लियाँ सवार हैं, जो खेतों की ओर चली जा रही हैं। तीन बड़ी-बड़ी इल्लियाँ, सिर्फ तीन ही नहीं, ऐसी हजारों इल्लियाँ हैं, लाखों इल्लियाँ। ये सिर्फ चना ही नहीं खा रहीं, सब कुछ खाती हैं और निःशंक जीपों पर सवार चली जा रही हैं।

अमूर्त कला और सुस्वागतम्

जिसमें बोरियत सहने का अपार धीरज है वही सच्चा संन्यासी है। साधारण मानव खीझ उठते हैं, ऊब में नाक-भौं सिकोड़ने लगते हैं, और अपनी नापसन्दगी बिना लक्षण-व्यंजना के प्रकट कर देते हैं। मैं रुपए में चालीस पैसा-भर संन्यासी हूँ। एक बोरियत को दो-तीन घंटा सहन कर सकता हूँ। उसके बाद मेरा मानव रूप प्रकट होने का खतरा खड़ा हो जाता है, जिसके अन्तर्गत कसकर सामनेवाले पर हाथ छोड़ दूँ तो आश्चर्य नहीं। अभी यह हालत है, पर कुछ दिनों बाद पूरी तरह से संन्यासी हो जाऊँगा और बोरियत को, चाहे वह लड़की के आकार में न भी हो, सहन करने की क्षमता उत्पन्न कर लूँगा। तब मैं अमूर्त कला पर, अस्तित्ववाद पर या जैसा प्राचीनकाल में होता था, आत्मा-परमात्मा के ऐतिहासिक रिश्तों पर बातें कर सकूँगा।

प्राचीन काल कई मामलों में वाकई में प्राचीन काल रहा है। लोगों में बोरियत सहने का संन्यासी गुण आम था। जंगल में बैठे हुए हैं और

एक-दूसरे को समझा रहे हैं कि ब्रह्म क्या है और उसका माया के साथ क्या स्कैंडल चल रहा है वगैरह। जंगल का परिवेश, अपने-आपमें किसी दर्शन की तरह उलझा हुआ, शेर-चीतों का नियमित खतरनाक परिवहन—कब कौन अपने तीखे पंजों से आपके व्यक्तित्व का राष्ट्रीयकरण कर दे, कहा नहीं जा सकता और तिस पर खोपड़ी चाटनेवाली आत्मा और ब्रह्म की बातें ! ज़रा कल्पना कीजिए ! कितना घिचपिच अतीत है हमारा ! इस धरती ने कब-कब कितनी बोरियत सही है।

वे आए और आते ही अमूर्त कला पर बातें करने लगे। वास्तव में वे एक ड्राइंग शिक्षक हैं, अपने को चित्रकार कहते हैं और उनकी जबान कलासमीक्षक की तरह चलती रहती है। समीक्षक भी वल्लाह क्या चीज होता है ! ज्ञान का साक्षात् ट्रक, अनुभूतियों को समतल करनेवाला रोड-रोलर, सदैव गलत स्टेशन पर लगा हुआ एक रेडियो जिसे बन्द करना हमारे वश में नहीं। वे आए और कला की शब्दावली से मुझे रौंदने लगे। मैं स्वयं को उनके लालटेनी व्यक्तित्व के समक्ष निस्तेज अनुभव करने लगा, मगर मुस्कुराता रहा। एक ग्रहणशील श्रोता की तरह मुँह खोलकर मैंने उन्हें सुना, संन्यासी के धीरज से उन्हें सहा, झेला (ऐसे ही अनुभव को साहित्य में भोगा हुआ यथार्थ कहते हैं)। मंच पर कभी हो तो सुननेवाले पत्थर फेंकने लगें। मगर वह मेरा ड्राइंग रूम था, वे ड्राइंग शिक्षक थे, परदेश से आए थे, मैं क्या कह सकता था। ज़रा कल्पना कीजिए। उन्हें सरकार ने किसी काम से बुलवाया था। दाद देता हूँ उस सरकार को, जिसने उन्हें बुलवाया।

''कोई मीटिंग वगैरह है क्या आप लोगों की ?'' मैंने पूछा।

''नहीं, मीटिंग तो नहीं है। मुझे अकेले को ही बुलाया है। आज संचालनालय गया था तो साहब से मिला था। कहने लगे, कल ग्यारह बजे आइए, फिर आपको काम बता देंगे। तारीफ कर रहे थे, कहते थे—सुना, आप बड़े अच्छे चित्रकार हैं।'' उसने कहा।

''जानते हैं आपको या हो सकता है आपकी अमूर्त कला की

प्रशंसा सुनी हो।''

''संचालनालयवाले तो नहीं जानते, पर शिक्षा मंत्री जानते हैं। मैंने अपने नगर में अपनी अमूर्त कला के चित्रों की प्रदर्शनी की थी तो उसका उद्‌घाटन शिक्षा मंत्री से ही करवाया था। भाषण में उन्होंने मेरी बड़ी प्रशंसा की थी।'' वह बोला।

मैं सोचने लगा कि तब कैसा रहा होगा। अमूर्त कला की प्रदर्शनी हो रही है, शिक्षा मंत्री भाषण दे रहे हैं—भाइयो और बहनो, मुझे आप लोगों ने अमूर्त कला की प्रदर्शनी के लिए, उद्‌घाटन के लिए बुलाया हैगा तो मैं आ गया हूँगा। बड़ी खुशी की बात हैगी और बड़े गर्व की बात हैगी कि आपके नगर में और खासकर हमारे डिपार्टमेंट में कैसे-कैसे रत्न पड़े हैं। एँ, बताओ ये हमारे भाई चित्रकार हैंगे बिचारे तो चित्र बनाते हैंगे तो कैसे अमूर्त। बड़े गर्व की बात हैगी हमारे लिए कि हमारे राज्य में आज अमूर्त चित्र बन रहे हैंगे। हमारे शहर में एक राधाकृष्ण का मन्दिर हैगा। बड़ा सुन्दर। मैं कभी भी घर जाऊँ तो वहाँ दर्शन को जरूर जाऊँ। बड़ी शान्ति मिलती हैगी। बड़ी सुन्दर मूरत हैगी राधाकृष्ण की। जयपुर से मँगवाई। तो जब कभी मूरत कला पर बात चलाई हैगी, तो मुझे वह राधाकृष्ण की मूरत जरूर याद आवे हैगी। मगर हमारे चित्रकार भाई अमूरत कला बनाते हैंगे, तो उससे भी बढ़िया बात हैगी। मगर एक बात कहूँगा कि मूरत बनाओ या अमूरत, मगर भारतीय संस्कृति का हमेशा ध्यान रखो। यह बात हम ड्राइंग शिक्षक के लिए ही नहीं कह रहे, सभी शिक्षकों के लिए, चाहे वह भूगोल का हो, गणित का या विज्ञान का। भारतीय संस्कृति का हमेशा ध्यान रखो। हमारे ये चित्रकार भाई हैंगे, छवि निकालते हैंगे। पेड़-पौधा, जानवर-चिड़िया, सूरज जो भी देखें उसकी छवि खेंच देते हैंगे। अच्छी बात है। खूब बनाओ छवि, मगर लड़कों की पढ़ाई का हर्जा न हो, इसका ध्यान रखो। सब काम टाइम-टेबुल से होना चाहिए। जैसे रेलें टाइम-टेबल से चलती हैंगी, वैसे स्कूल भी टाइम-टेबल से चलना चाहिए। अमूर्त कला भी टाइम-टेबल से चलनी चाहिए...

“आप क्या सोच रहे हैंगे ?” उसने मुझसे पूछा।

मैं चौंका। मैं मंत्रीजी का भाषण सोच रहा था, मगर मैंने कहा, “मैं अमूर्त कला के विषय में सोच रहा हूँ।”

“जोशीजी, ऐसा है अमूर्त कला को लेकर आज कला-जगत् में बड़ी भ्रान्तियाँ हैं। मैं अभी हर्बर्ट रीड की एक पुस्तक पढ़ रहा था। उसने बड़ी अच्छी बात कही है।”

और वह हर्बर्ट रीड छाँटने लगा। शिक्षा मंत्री के भाषण की जगह फिर से अमूर्त कला ने ले ली।

कैसा है यह कला का संसार ! अकादमी, शिक्षा मंत्री, कलासमीक्षक, ड्राइंग शिक्षक, राधाकृष्ण की मूरत, नगरपालिका, अमूर्त कला, पोस्टर, कला-प्रदर्शनी, बहसें, भाषण, रंग, आकार, रेखाएँ, शब्द और बोरियत। सब गड्ड-मड्ड। वही जंगल का परिवेश जो प्राचीन काल में था, जहाँ संन्यासी बैठे आत्मा-परमात्मा और ब्रह्म-माया की बातें करते थे। वैसा ही जंगल, मगर बातें अमूर्त कला को लेकर। विशाल कैनवास पर अनेक कार्टूनों का हुजूम एक-दूसरे के सिर पर चढ़ता हुआ। एक-दूसरे को पंजे से नोचता हुआ। ड्राइंग मास्टर की प्रतिभा को टाइम-टेबल के अनुसार खाता हुआ शिक्षा मंत्री। प्रदर्शनी में मूर्खता छिपाए खड़ा दर्शक, प्रशंसा का चेहरा लिए स्नॉब्स, मुँह बिचकाता कलासमीक्षक, सब गड्ड-मड्ड !

वे शाम से रात तक मेरा सिर चाटते रहे। मेरा सिर था जो चटता रहा। घोड़ा होता तो आवेश में हिनहिना उठता, टाँगें फटकारता, अपने बड़े-बड़े दाँतों से उसकी बाँह काट लेता। वह मैं था जो सुनता रहा। मुझे लगा, मैं मूर्त से अमूर्त होता जा रहा हूँ। मेरी नाक लम्बी होकर किचन में घुस गई। मेरे हाथ सड़क तक पहुँच गए और राह चलती लड़कियों की कमर में डलने लगे। मेरा चेहरा अंडे की तरह गोल हो गया। मेरे घुटने पेट की तरफ सिमटने लगे। मेरा मस्तिष्क टेबुल पर रखी प्लेट में सज गया और मैं उसे लालची निगाह से देखने लगा। ऐसा प्रतीत हुआ मानो पास ही शिक्षा मंत्री बैठे समझा रहे हैं कि हर दिमाग

अन्ततः किसी टेबुल की शोभा बनता है। दिमाग को सिर से निकाल पेट में डाल लेना ही जीवन है।

अमूर्त कला के चित्र बनानेवाला वह व्यक्ति चला गया। मैं जंगल से वापस आ गया।

तीसरे दिन मैंने उस शख्स को फिर देखा। मैं शिक्षा मंत्री के बँगले के पास से जा रहा था। दिन के ग्यारह बज रहे थे। बँगले के बाहर चहल-पहल थी। मेरा अनुमान है कि चहल-पहल करनेवाले वे सब लोग कहीं के शिक्षक और लेक्चरर थे। वे सब व्यस्त थे, क्योंकि शिक्षा मंत्री की पुत्री का विवाह था। भूगोल के शिक्षक जमीन समतल करने में लगे थे, हिन्दी के लेक्चरर सुन्दर अक्षरों में निमन्त्रण-पत्र लिख रहे थे, गृह विज्ञान की शिक्षिकाएँ मिठाइयाँ बना रही थीं। वाणिज्य के लेक्चरर आलू-बैंगन खरीदकर ला रहे थे, इतिहास के प्रोफेसर शामियाना तनवाकर कालीन बिछा रहे थे। सभी व्यस्त थे। बँगले के कोने में सफेद कपड़ा लिए वह चित्रकार भी बैठा था, जिससे अमूर्त कला पर मेरी चर्चा हुई थी।

''यहाँ क्या कर रहे हो ?'' मैंने उससे पूछा।

''इस कपड़े पर बड़े-बड़े अक्षरों में 'सुस्वागतम्' पेन्ट करना है।'' वह बोला।

''तुम्हें इसीलिए बुलाया है ?''

''जी हाँ, सुतारी शिक्षक बल्लियाँ गाड़कर दरवाजा बनाने में लगे हैं। मुझे उस पर यह 'सुस्वागतम्' पेन्ट कर लगाना है। इसके अलावा दरवाजे के दोनों ओर स्वागत करती करबद्ध सुन्दरियों के चित्र बनेंगे। वह भी मैं ही बनाऊँगा।''

मेरी इच्छा हुई कि पूछूँ कि क्या तुम 'सुस्वागतम्' अमूर्त कला में लिखोगे, मगर तभी शिक्षा मंत्री उधर आ गए। अमूर्त कला वाला वह विद्रोही कलाकार हाथ जोड़कर खड़ा हो गया।

''कहो भाई, काम चल रहा हैगा ना ! कल शाम तक दरवाजा बन जाए तो समझो सब टाइम-टेबल से हो गया। तुम तो अमूर्त कला

के चित्र बनाते हो ना ! हमें याद है, हमने तुम्हारी प्रदर्शनी का उद्घाटन किया हैगा। भई, चाहे 'सुस्वागतम्' अमूर्त कला में बनाओ मगर लेटरिंग साफ होना चाहिए कि दूर से नजर आ जाए। तब जाने तुम्हारी अमूर्त कला कि जो देखे कहे—वाह क्या बढ़िया है !" शिक्षा मंत्री ने कहा, मगर तभी उनका ध्यान पास खड़े सचिव पर गया, "क्यों, वे संगीत के शिक्षक लोग आ गए या नहीं ?"

"आ गए सर।" सचिव बोला।

"तो उनसे बोलो, शहनाई चालू कर दें। विवाह का मौका हैगा, मंगलध्वनि शुरू हो जाना चाहिए अब तक। हर काम टाइम-टेबल से नहीं होगा तो कैसे चलेगा ?"

मैं धीरे में खिसक लिया, संगीत शिक्षकों ने मंगल-ध्वनि आरम्भ कर दी, पर अमूर्त कला नियम के अनुसार वह जंगल-ध्वनि में बदल गई। शेर-चीतों की आवाजें और दुम दबाए प्रतिभाशाली गीदड़ों की चीख-पुकार। उसी में ब्रह्म-माया पर बातें करते साधु-संन्यासी। सब कुछ एक साथ, गड्ड-मड्ड, जैसा प्राचीन काल में होता था।

यदि मैं चित्रकार होता और मुझे अमूर्त कला की समझ होती तब मैं कहीं ड्राइंग शिक्षक नहीं होता, मैं एक बड़े कैनवास पर इस सारे मामले को रँग लेता। भीषण जंगल, अमूर्त कला के चित्रों से दबा एक चित्रकार, माइक हाथ में ले भाषण देता मंत्री, मुँह बाए खड़े श्रोता और कला-प्रदर्शनी के दर्शक, नाक-भौं सिकोड़े कलासमीक्षक, ऊबा हुआ शरद जोशी, सुस्वागतम् का बोर्ड, शहनाई बजाते संगीत-शिक्षक, मंत्री की बिटिया का ब्याह—सब गड्ड-मड्ड, एक-दूसरे में धँसे-फँसे जैसे एक जंगल, जैसे एक कैनवास, जैसे एक सच्चाई।

मगर मुझे अमूर्त कला नहीं आती। जिन्हें आती है, वे बंगाली में सिर झुकाए 'सुस्वागतम्' का बोर्ड रँग रहे हैं।

एक मिनी भ्रष्टाचार

पिछले दिनों मैंने एक भ्रष्टाचार किया। उसे भ्रष्टाचार कहना देश के परम भ्रष्टाचारियों की शान में गुस्ताखी होगी, मगर अपने कर्म के लिए इसके अतिरिक्त कोई शब्द मिल नहीं रहा जिसका उपयोग करूँ और कलंक से बरी हो जाऊँ। मेरे एक मित्र ने दो शब्द सुझाए थे—समझदारी और व्यावहारिकता, जिन्हें मैं भ्रष्टाचार के एवज में उपयोग कर सकता था। उसका आग्रह यही था, मगर मैंने नहीं माना। उसका कहना था कि जो लोग भ्रष्टाचार करते हैं वे कहते हैं कि यही समझदारी है, यही व्यावहारिकता है, अतः तुम कोई अजूबा नहीं करोगे कि अपने कर्म को उक्त संज्ञाएँ दोगे। मैंने इनकार कर दिया। मैंने कहा, मुझे भ्रष्टाचार को भ्रष्टाचार कहने में हर्ज नहीं लगता। मगर यह शब्द ऐसा सर्वव्यापी है, इसके संदर्भ में ऐसी बड़ी-बड़ी हरकतें सुनाई जाती हैं कि मुझे अपना काम बहुत छोटा लगता है। मेरा भ्रष्टाचार एक नन्हा-सा भ्रष्टाचार है, भ्रष्टाचार की स्वर्ण-दिशा में एक नम्र प्रयास है, एक मुन्नी-सी क्रिया

है, टुँइयाँ-सी हरकत है। मैंने शब्द बनाया—'मिनी भ्रष्टाचार' एक पौधे-नुमा, घुटनों-से काफी ऊपर उठी फ्रॉकनुमा भ्रष्टाचार, भ्रष्टाचार की पहाड़ी ऊँचाइयों में बेबी ऊँचाई का काम, महाकाव्यों की तुलना में एक हाइकू। मित्र ने कहा—छोटा हो या बड़ा, भ्रष्टाचार तो भ्रष्टाचार है। इससे मुझे कष्ट हुआ। एकेडेमिक बहसों में यदि कटु सत्य एकाएक कहीं से उद्घाटित हो जाए, तो बुद्धिवादियों को इस प्रकार की पीड़ा हो जाती है, नैतिक प्रश्नों को लेकर विशेष रूप से।

नियमानुसार मेरे शरीर में एक अदद आत्मा है। रहती चली आ रही है। अन्तिम प्राप्त सूचना तो यही है कि कम्बख्त सक्रिय है अभी भी, और बाह्य समझौतात्मक दबावों की उपेक्षा करती है। मेरे सद्यः भ्रष्टाचार को लेकर भी वह अपनीवाली सक्रियता दिखाने से नहीं चूकी और परम्परागत आक्रमण-प्रणालियाँ अपनाकर मुझे कचोटती रही। आत्माओं का यह स्वभाव है, मर्ज है। परिणाम यह है कि एक न-कुछ-सा भ्रष्टाचार भी मैं भुला नहीं पा रहा हूँ।

हुआ यह कि दूर के एक शहर की एक संस्था ने मुझे 'गांधीवाद की वर्तमान युग में सार्थकता' विषय पर आयोजित विचार-गोष्ठी में भाषण देने के लिए बुलाया। आजकल साल-भर के लिए देश में गांधी का सीजन चल रहा है, सो यह आयोजन स्वाभाविक था। जो गांधीवादी विचार गोदामों में पड़े वर्षों से सड़ रहे थे, वे मुरझाए व्यक्तित्वों की बैलगाड़ियों पर लदकर मण्डी में आ गए और बड़ा शोरगुल रहा। भाषणों के इस विराट नक्कारखाने में विनम्र तूती के रूप में मैंने भी पेंपें प्रस्तुत की और वन्दना के बेसुरों में एक सुर अपना मिला अहं को तुष्ट किया। संस्था ने लिखा था—हम ठहरने, खाने के बन्दोबस्त के अतिरिक्त आपको तीन फर्स्ट क्लास का किराया देंगे और आपको दो दिन रहना होगा। मैंने सोचा कि गांधी के नाम पर देश में कितने ही लोगों ने जीवन-भर के लिए अपना ठहरने-खाने का बन्दोबस्त कर लिया है, यदि दो दिन के लिए मेरा भी हो जाए, तो क्या हर्ज है। गांधीवाद की वर्तमान युग में यही सार्थकता है, मैंने स्वीकार कर लिया। मैंने चेहरे

को गम्भीर बनाया, विचारक की मुद्रा के उपयुक्त अपने शरीर को ढीला किया, आकाश की ओर डूबती आँखों से देखा। औपचारिकता, सौजन्य और आभार-स्वीकार की सड़ी-गली शब्दावली को याद किया और यात्रा पर चल दिया।

स्टेशन पर आकर मैंने स्वयं से एक प्रश्न किया। हो सकता है इस प्रकार के प्रश्न उठाने में उस कमबख्त आत्मा का षड्यन्त्र रहा हो, जो बिना टिकट मेरे साथ चल रही थी। (कार्टून आइडिया–टिकटघर की खिड़की के सामने खड़े संन्यासी से टिकट बाबू कह रहे हैं–बाबा, तुम्हारा दो टिकट लगेगा, एक तुम्हारे शरीर का, दूसरा आत्मा का) प्रश्न यह था कि मुझे थर्ड क्लास में बैठकर यात्रा करनी चाहिए अथवा फर्स्ट क्लास में।

इसी रूप-रंग का प्रश्न कभी गांधीजी के मन में उठा था और गांधीजी के निजी ईश्वर ने उन्हें सलाह दी थी कि तुम्हें थर्ड क्लास में यात्रा करनी चाहिए, क्योंकि यह देश गरीब है, सही मानों में थर्ड क्लास है और जरूरी है कि दुख झेलकर भी तुम थर्ड क्लास के यात्रियों के समीप रहो। इसी आकार-प्रकार का प्रश्न आजादी के बाद कांग्रेसी मन्त्रियों के मन में भी उठा था और मन्त्रियों के निजी सचिवों ने उन्हें सलाह दी थी कि आपको फर्स्ट क्लास की यात्रा करनी चाहिए, क्योंकि आपको भत्ता मिलता है, आप थर्ड क्लास के यात्रियों से ऊपर हैं और बर्थ पर आपका जन्म-सिद्ध अधिकार रेल विभाग स्वीकार कर चुका है। मेरा प्रश्न इसी रंग-रूप और आकार-प्रकार का होकर भी भिन्न था। प्रश्न था कि क्या मुझे थर्ड क्लास की यात्रा करनी चाहिए, जबकि संस्था मुझे फर्स्ट क्लास का किराया देगी ? आत्मा ने कहा कि यदि तू उनसे फर्स्ट क्लास का किराया ले रहा है, तो फर्स्ट क्लास में बैठकर जा और यदि तू थर्ड क्लास में बैठकर जा रहा है, तो तू उनसे भी थर्ड क्लास का किराया ही ले।

मैंने कहा–'आत्माजी, आप शरीर में विराजती हैं। आपको मेरी जेब में, मेरे बटुए में निवास करना चाहिए था, तब आप मेरी पीड़ा

समझ पातीं। मैं सरकारी नौकर नहीं जिसे टिकट नम्बर देना पड़ता है। मैं संस्था का सम्माननीय मेहमान हूँ, जिसे गांधीवाद की वर्तमान परिस्थितियों में सार्थकता पर बोलना है, भाषण देना है। मेरा लाभ इसी असत्य में है कि मैं फर्स्ट क्लास से आया-गया। सत्य से संस्था की बचत होगी, असत्य से मेरी। मैं अपनी बचत करूँगा, अपने लाभ की सोचूँगा। मैंने थर्ड क्लास का टिकट खरीदा और प्लेटफार्म पर पहुँच गया। कुछ समय बाद ट्रेन आयी। थर्ड क्लास में कठिन प्रवेश की समस्या थी, पर मैंने चुनौती को स्वीकारा और अपने पौरुष को प्रमाणित करता अन्दर धँस लिया। मेरी आरामप्रिय आत्मा की एक न चली, मगर जगह बनाकर मैं बैठ लिया जैसे-तैसे।

भाषण हुआ। मंच पर मानो रुई धुनकने का सामान लेकर हम बैठ गए और शब्द-शब्द धुनकर हमने सभा-भवन के चौकोर आकाश को पाट दिया। मैं फैल रहे भ्रष्टाचार पर बोला। मैंने गांधी से वर्तमान भ्रष्टाचारी राजनीतिज्ञों की तुलना की और प्रभावपूर्ण शब्दावली में अफसोस प्रकट किए, जिसे सुन श्रोताओं को अफसोस होने लगा। मैंने गांधीवाद के विचार-बण्डल को तत्त्व-तत्त्व खोला और हर तत्त्व को सरेआम परखा। सब मान गए कि गांधीवाद की पुरानी चली आ रही रेल वर्तमान में आकर दुर्घटनाग्रस्त हो गई है, क्योंकि वे पटरियाँ अब समानान्तर नहीं रहीं जिस पर रेल जा रही थी। मेरी बात से कुछ सहमत हुए। कुछ जो निरन्तर फर्स्ट क्लास से आते-जाते थे, असहमत हुए। उन्हें होना ही था।

अन्त में वह स्वर्णिम घड़ी आई जब मुझे तीन फर्स्ट क्लास यानी डेढ़ सौ रुपये रखकर लिफाफा दिया गया। खर्च पचास, लाभ हुआ सौ। गांधीवाद बुरा नहीं रहा। मैंने कहा, चलेगा। लिफाफा जेब में रख लिया। उसी क्षण आत्मा को घूँसा-सा लगा। वह व्यंग्य में मेरा हाल ही दिया गया भाषण दुहराने लगी। खासकर वे अंश जो मैंने चारित्रिक पतन को लेकर कहे थे, ज़रा-ज़रा-से लाभों के लिए गिर रहे मनुष्य के लिए कहे थे।

कई दिन हो गए, मगर आत्मा, अपनी शैली में कचोटती है। मित्र कहता है जो तुमने किया वही व्यावहारिकता है, समझदारी है। मैं कहता हूँ, चाहे यह मिनी भ्रष्टाचार हो, पर है भ्रष्टाचार। मुझसे-उसमें क्या अन्तर है ? उनको बड़े मौके मिले, उन्होंने बड़ा भ्रष्टाचार किया। मुझे एकमात्र छोटा मौका मिला, मैंने छोटा भ्रष्टाचार किया। उसने कहा, जो हो गया सो हो गया और अब तू क्या कर सकता है ? क्या तू इस पर भाषण देगा या लेख लिखेगा, मैंने सोचा यह भी कर लो। मन का भार भी हल्का हो जायेगा। और...ख़ैर, (सभी बातें कहने की नहीं होतीं। क्या भाषण में मेरा यह कहना उचित होगा कि मैं तीन फर्स्ट क्लास ले रहा हूँ ?)

मुझे डर लगा कि इस तरह मैं एक फ्रॉड हो जाऊँगा। भ्रष्टाचार करूँ और अपने को कोसकर सन्त बनने की चेष्टा करूँ। बड़ा बँगला प्राप्त करने के लिए वर्षों प्रयत्न करूँ और बँगला प्राप्त होने पर उसे एक कठघरा, एक कैदखाना घोषित कर स्वयं को पीड़ित बताऊँ। चोर रास्तों से अन्दर घुसकर दरवाजे पर खड़ी स्वार्थी भीड़ को कोसूँ और उससे भी काम न चले तो खुद को कोसूँ कि हाय मैं चोर दरवाजे से क्यों आया ? लोग दाद देंगे कि आदमी ईमानदार है, जो सोफे पर लेटा सोफे को कोसता है। एक चुभन अनुभव करता है, चाहे जगह नहीं छोड़ता। मैं तीन फर्स्ट क्लास का रुपया जेब में रखे अब रो रहा हूँ। उफ़्फ ! मैंने कहा—यह क्या किया ?

मित्र कहता है, 'देखो प्यारे, हर वक्त कोई नया टेन्शन खड़ा कर परेशान होना तुम लेखकों की विशेषता होती है। तुम यहाँ से वहाँ बोलने गए, तुम्हारी क्या गांधीजी से रिश्तेदारी है या डॉक्टर ने बताया था कि जाओ और भाषण दो। तुम गए, दो दिन नष्ट किए, विचार किया, विचारों को प्रकट किया और कार्यक्रम सफल बनाया। इस श्रम का मूल्य तुम्हें मिलना चाहिए। मिला है। संस्थावाले जानते हैं, तुम जानते हो। फर्स्ट क्लास का मार्ग-व्यय और थर्ड क्लास के खर्च में जो अन्तर है, वही तुम्हारे श्रम का मूल्य है।'

'मगर ऐसी हालत में मुझे उन्हें साफ कहना था कि मैं थर्ड क्लास से यात्रा कर वही किराया लूँगा और भाषण देने के सौ रुपए अलग लूँगा।'

'ऐसा तुम नहीं कर सकते थे।'

'क्यों नहीं कर सकता था ?'

'इसलिए कि तुम सम्माननीय अतिथि थे।'

'क्या मतलब ?'

'सम्माननीय अतिथि थर्ड क्लास में नहीं जाते। वे गांधीजी पर भाषण देने का पैसा नहीं लेते।'

और इसके बाद हम दोनों ने जोर से ठहाका लगाया। हम दोनों परस्पर एक-दूसरे को दाद देते हुए हाथ मिलाने लगे।

'मानते हो प्यारे, खड़ी की ना नैतिक समस्या ?' मैंने कहा।

'मानते हैं।'

'इससे मेरे चरित्र की ऊँचाइयों का पता लगता है ना !'

'बिलकुल लगता है।'

'अब बोलो उन सौ रुपयों का क्या करें जो गांधीवाद की सार्थकता पर भाषण देने पर मिले।'

'मेरी मानो तो एक शेरवानी सिलवा लो। तुम अब भाषण देने लगे हो और वक्ता शेरवानी में ही जँचता है।'

'बिलकुल ठीक।'

हम लोग खादी भंडार गए और हमने शेरवानी का बढ़िया कपड़ा खरीदा और सिलवा डाला। पहली बार जब शेरवानी पहनी तो लगा, सचमुच वर्तमान युग में कहीं-न-कहीं गांधीवाद की सार्थकता है।

होना कुछ नहीं का

बोर्ड लगा है। खादी भंडार। आयताकार काउंटर, लम्बे। पीछे आलमारियों में खादी के थान। हल्के रंगों में मोटे कपड़े। कोसा, साड़ियाँ, खादी, रेशम और कुछ रेडिमेड कपड़े। आलमारी पर यहाँ-वहाँ धूल, बाहर कभी-कभी अंधड़-सा चल जाता है। अभी सुबह के साढ़े नौ ही बज रहे हैं। काउंटर के पीछे एक आदमी सुस्त झुका हुआ है, सिर टिकाए बाहर सड़क की ओर देखता। खादी पहने है, कुर्ता-पाजामा। एक और व्यक्ति है। कुर्ता-पाजामा के साथ काली जाकेट भी पहने है। हिसाब लगा रहा है। अन्दर कम्बल के ढेर के सहारे एक और व्यक्ति लेटा हुआ है। टोपी से आँखें ढके हुए। काउंटर के एक कोने पर टेलीफोन रखा है। उस पर भी हल्की धूल चढ़ रही है। ऊपर नेताओं की तस्वीरें हैं। आलमारियों पर खादी सम्बन्धी आदर्श वाक्य लिखे हुए हैं। सभी गांधीजी के। खादी की महत्ता बतानेवाले।

टेलीफोन की घंटी बजती है। काली जाकेटवाला टेलीफोन की

ओर देखता है। सुनिए, टेलीफोन है, वह दूसरे से कहता है, जो सुस्त बैठा सड़क की ओर देख रहा है। 'अब आप ही उठाइए !' वह सिर टिकाए जवाब देता है, 'उठाइए, उठाइए, हम हिसाब कर रहे हैं।' काली जाकेटवाला जोड़ लगाने लगता है। 'हिसाब बाद को कर लीजिएगा, कौन जल्दी है, अभी फोन तो सुन लीजिए।' उत्तर मिलता है, 'आप तो कुछ कर नहीं रहे, फिर आप ही क्यों नहीं सुन लेते ?'–काली जाकेटवाला कहता है। 'आप जहाँ बैठे हैं उसके पास ही है, हाथ बढ़ाएँगे तो सुन लेंगे। हम यहाँ दूर बैठे हैं।' सुस्त व्यक्ति सड़क से बिना नजर हटाए बोलता रहता है। 'सवाल दूर-पास का नहीं है, हम हिसाब कर रहे हैं, यहाँ से ध्यान नहीं तोड़ सकते। आप कुछ नहीं कर रहे। आप टेलीफोन पर जवाब ही दे सकते हैं।' काली जाकेटवाले ने उसे इस बार स्पष्ट समझाया। 'प्रश्न यह नहीं है। हम उठ भी सकते हैं। पर सोचते हैं, कोई जरूरी फोन हो, तो आप ही उचित उत्तर दे सकेंगे।' दूसरे ने जवाब दिया। इस पर काली जाकेटवाला मुस्कुराया और बोला, 'अब उठ भी जाइए, घंटी बज रही है, जवाब दे दीजिए।' इस पर दूसरे व्यक्ति ने सड़क से नजरें हटाकर उसकी ओर देखा और कहा, 'क्या जवाब देना है ?' 'अब फोन सुनिएगा तभी न कहिएगा कि क्या जवाब होगा। अभी से कोई कैसे बता सकता है ?' इस पर वह सुस्ती से गम्भीर चेहरा लिए फोन की तरफ बढ़ा और उसके उठाने के पहले काली जाकेटवाले से बोला, 'हम समझे शायद आप जानते हों। हलो, हलो। हाँ हम बोल रहे हैं खादी भंडार से। खादी भंडार। हाँ-हाँ। क्या कहा, कपड़ा चाहिए ? तो यहाँ कपड़ा ही तो बिकता है और क्या, आइए और ले जाइए। जी। जी, हाँ जी, कहाँ से बोल रहे हैं ? थिएटर से ?'

'थिएटर का भी कपड़ा है, पड़दा-उड़दा लगाना है क्या ? शौक से लगाइए। रंगीन कपड़ा है छापादार, जौन रंग का कपड़ा चाहिए, तौन रंग का कपड़ा ले लीजिए। या चाहें तो रँगवा लीजिए। थिएटर का कपड़ा तो बहुत है। क्या कहा ? आपरेशन थिएटर से बोल रहे हैं ?

कहाँ लगा है यह आपका थिएटर ? हाँ, हाँ, आपरेशन थिएटर। अरे हमहू देखेंगे। ऐसी क्या बात है साहेब। हैं ! अस्पताल में ! अस्पताल में थिएटर लगा है ! वाह, आप अस्पताल से बोल रहे हैं ! और क्या। थिएटर में फोन नहीं होगा ना ! अरे साहेब, हम क्या गलत समझ रहे ! आप जो बोल रहे सो ही समझ रहे। आपको थिएटर के लिए कपड़ा चाहिए सो है रंगीन। छापादार। ऐं, सफेद चाहिए, अस्पताल के लिए, थिएटर में अस्पताल का सीन बनाइएगा क्या ? कोई डाक्टर-आक्टर का तमाशा है, नर्स-उर्स। नहीं, अरे, हम क्या गलत समझे, जो आप बोल रहे सो ही समझे। थिएटर में तो रंगीन कपड़ा चलता है। देखिए श्रीमान्‌जी, आप यहाँ आ जाइए और जैसा चाहिए, ले जाइए। आपरेशन थिएटर या जौन भी थिएटर हो। नमस्कार, हाँ जी, नमस्कार !' उसने फोन रख दिया।

'क्या पूछ रहे थे ?' काली जाकेटवाले ने पूछा।

'आप अपना हिसाब-किताब में लगे रहिए। आपको क्या करना कोई क्या बोल रहा है। हमने फोन सुना और जो उचित जवाब था, सो दे दिया। पर इतना बता देते हैं कि अब से फोन आएगा तो आप उठिएगा।' और वह व्यक्ति फिर काउंटर से सिर टिका सड़क की तरफ देखने लगा।

कम्बलों के सहारे लेटे व्यक्ति ने आँख पर से टोपी हटाकर पूछ, 'क्या बात हुई ?'

'कुछ नहीं। टेलीफोन सुना नन्दरामजी ने। हम पूछ रहे हैं कि काहे बात का फोन था, तो जवाब नहीं दे रहे हैं। कह रहे हैं आपको मतलब !'

'प्राइवेट फोन होगा ?'

'अरे नहीं, दूकान का था।'

'भाई नन्दरामजी, आपको बताना चाहिए। जब मैनेजर साहब न हों, तो सदाशिवजी ही मैनेजर हैं। आपको बताना चाहिए। वे प्रधान हैं।'

'प्रधान हैं तो स्वयं जाकर टेलीफोन क्यों नहीं उठाते ? जवाब हमको देने को क्यों कहते हैं।'—नन्दरामजी ने कहा।

'हम हिसाब कर रहे हैं।'

'तो आप हिसाब ही कीजिए। फिर यह क्यों जानना चाहते हैं कि हमारी फोन पर क्या बातचीत हुई ?'

'प्रश्न सिद्धान्त का है।' कम्बलों से टिककर लेटे व्यक्ति ने पुनः टोपी आँखों पर खिसका ली और सो गया।

'हाँ, सिद्धान्त का ही है।' नन्दरामजी ने दुहराया, 'जो टेलीफोन करेगा वह अपनी बात को अपने पास रखेगा। आप हिसाब करिए।'

'कोई गुप्त बात है क्या ?'

'गुप्त हो, चाहे न हो।'

नन्दरामजी यह बात कह ही रहे थे कि एक लड़का जो टेरेलीन का बुश्शर्ट और नैरो पैन्ट पहने हुए था, खादी भंडार में घुसा। उसने आते ही पूछा, 'आपके यहाँ रेडीमेड कपड़े हैं ?' लड़के ने नन्दरामजी को देखकर ही यह बात पूछी थी सो उत्तर नन्दरामजी को ही देना पड़ा। उन्होंने दिया, 'हैं क्यों नहीं ? तमाम रेडीमेड पड़ा है, आपको दिखाई नहीं देता !'

'मुझे क्या मालूम !' लड़का बोला।

'ईश्वर ने आपको आँखें दी हैं। आप स्वयं देख सकते हैं। सामने आलमारी में तमाम रेडीमेड पड़ा है। आपको क्या चाहिए, सो बताइए ?'

'कुर्ता-पाजामा।'

'ऐसा कहिए ना। आप तो कह रहे हैं रेडीमेड है क्या ? रेडीमेड तो बहुत कुछ होता है।'

'मुझे कुर्ता-पाजामा चाहिए।'

'किस नाप का ? आपके ही लिए चाहिए या किसी दूसरे के लिए ?'

'आपकी नाप का कुर्ता-पाजामा निकाल दीजिए।' नन्दरामजी ने

काली जाकेटवाले सदाशिव से कहा।

'आप ही निकाल दीजिए, हम हिसाब कर रहे हैं।'

'आप हमेशा हिसाब ही किया करते हैं। फोन आए तो आप हिसाब कर रहे हैं और ग्राहक आए तो आप हिसाब कर रहे हैं।'

'हाँ भाई।' सदाशिवजी ने गम्भीर होकर कहा, 'हिसाब जरा बड़ा है।'

'सो तो हम नहीं जानते। हम तो यह देखते हैं कि जो कोई ग्राहक आए तो आप हिसाब कर रहे हैं और जो कोई फोन आए तो आप हिसाब कर रहे हैं।'—नन्दरामजी ने सदाशिवजी को घूरते हुए कहा।

'अब आप कुर्ता-पाजामा तो निकाल दीजिए आपको।'

'हाँ, सो तो दे ही रहे हैं। उसमें क्या बात है।' नन्दरामजी ने आलमारी से कुर्ता-पाजामा निकाल टेरेलीन की बुश्शर्ट पहने लड़के की ओर बढ़ाया और सिर खुजाने लगे। लड़के ने नाक-भौं सिकोड़ते हुए उन कपड़ों को देखा और कहा, 'मुझे लगता है यह बड़ा पड़ जाएगा।'

'सो तो अच्छी बात है।' नन्दरामजी बोले।

'ढीला होगा न।'

'शुरू में होगा। बाद में एक धुलाई हो जाने पर थोड़ा सिकुड़ेगा, सो फिट आ जाएगा।'

'मुझे अभी इन्टरव्यू में जाना है। बिलकुल फिट चाहिए।'

'कहाँ जाना है ?'

'इन्टरव्यू में।'

'क्या होता है इंटरजू ?'

'नौकरी के लिए होता है भाई। मुझे बिलकुल फिट चाहिए। आप इससे छोटा नम्बर निकालिए।'

'एक बार की बात है। थोड़ा ढीला ही पहन लीजिए। बाद में ठीक हो जाएगा।'

'आप बाद की फिक्र न करें। मुझे इससे छोटा नम्बर निकालकर दें।'

'सोच लीजिए, हम तो आपके ही लाभ के लिए कह रहे हैं।'

'धन्यवाद। आप दूसरा निकालिए।' लड़के ने कहा।

'अजीब बात है। आप धन्यवाद भी देते हैं और अपने ही फायदे की बात भी नहीं मानते।' नन्दरामजी दूसरे नम्बर का कुर्ता-पाजामा निकालने लगे।

'जो कपड़ा ग्राहक चाहता है, सो ही न देंगे आप, या अपनी मर्जी का देंगे।' सदाशिवजी बोले।

'आप अपना हिसाब-उसाब कीजिए।'

'मैं क्या यहाँ कपड़े पहनकर देख सकता हूँ ?' लड़के ने पूछा।

'जरूर पहन सकते हैं। अन्दर लँगोट-उँगोट तो पहने होंगे ना। फिर क्या ? शौक से पहन लीजिए। आप कोई महिला हैं ! चाहे उधर से घूमकर अन्दर चले जाइए, वहाँ पहन लीजिए।'

लड़का कुर्ता-पाजामा हाथ में ले काउंटर से घूमकर अन्दर गया, जहाँ कम्बलों के ढेर से टिककर एक व्यक्ति लेटा था। नन्दरामजी ने उस व्यक्ति को ज़रा सम्बोधन करते हुए कहा, 'भाईजी, ज़रा बाबू साहब कपड़ा बदलने आ रहे हैं।'

'अरे तो आएँ, सुसरे हम कौन उन्हें देख रहे हैं।' लेटे हुए व्यक्ति ने टोपी को और अधिक आँखों पर खिसकाते हुए कहा। तब तक लड़का अन्दर पहुँच गया था।

तभी टेलीफोन की घंटी बजी।

'अब आप सुनिए।' नन्दरामजी ने सदाशिवजी से कहा। सदाशिवजी ने उत्तर नहीं दिया। वे हिसाब लगाते रहे।

'हम कह रहे हैं अब आप ही सुनिए। हम ज़रा ग्राहक में लगे हैं।' उन्होंने फिर दुहराया।

'ग्राहक तो अन्दर कपड़ा बदल रहा है। आप उसमें क्या लगे हैं ?'

'हमने कपड़ा निकालकर दिया तभी न बदल रहा है, नहीं तो कैसे बदलता। हम कह रहे हैं हम ग्राहक में लगे हैं। आप स्वयं देख रहे हैं।

वे सज्जन अभी कपड़े बदलकर आ सकते हैं। दूसरा कुछ माँग सकते हैं। आप देख रहे हैं। हम काम में हैं। आप खुद उठिए और टेलीफोन पर जवाब दीजिए।'

'हमें तो आप कोई काम करते दिखाई नहीं देते अभी। आप फोन सुन सकते हैं।'

'यों तो आप भी हमें कोई काम करते दिखाई नहीं देते।'

इसी समय दूकान के अन्दर एक नेताजी घुसे, तो सदाशिवजी खड़े हो गए और नमस्कार करने लगे।

'आप फोन सुनिए, नमस्कार हम कर लेंगे।' नन्दरामजी ने उन्हें टोका और स्वयं नेताजी को नमस्कार करने लगे। नेताजी कुछ बोले नहीं। वे घूम-घूमकर कपड़ा देखने लगे। सदाशिवजी ने फोन उठाकर कहा, 'खादी भंडार। रांग नम्बर।' और फोन रखते हुए नन्दरामजी से कहा, 'रांग नम्बर था।'

'होगा, हमें क्या। हम तो यह जानते हैं कि आप जब फोन उठाते हैं, रांग नम्बर होता है।'

सदाशिवजी फिर हिसाब करने बैठ गए। वह लड़का अन्दर से निकला, तो कुर्ता-पाजामा पहने था। उसने नन्दरामजी से कहा, 'मेरे ख्याल से यह बिलकुल फिट है।'

'हाँ, फिट तो है, पर हमारी सलाह मानते तो आप ढीला ही लेते, जो सिकुड़कर ठीक हो जाता।'

'इन्टरव्यू में जाना है यार, इसीलिए यह खादी पहननी पड़ती है। कोई नेताजी भी इन्टरव्यू बोर्ड में मेम्बर हैं, सो खादी पहननी पड़ेगी। ड्रामा करना पड़ेगा सारा।'

'कौन-से विभाग में इन्टरव्यू है ?' नेताजी ने पूछा।

'हरिजन कल्याण में है।'

'अच्छा-अच्छा,' और नेताजी फिर कपड़े के थान देखने लगे।

'ड्रामे के लिए पहनना पड़ता है।' लड़के ने बड़बड़ाते हुए बटुआ निकाला और नन्दरामजी से पूछा, 'कितना बिल हुआ ?'

'बिल-उल तो सदाशिवजी आप ही बनाइए। हिसाब-किताब आप ही करते हैं।' नन्दरामजी ने सदाशिवजी से कहा।

सदाशिवजी कुछ बोले नहीं। उन्होंने बिल-बुल पास खींची और दाम लिखने लगे। लड़का दाम चुकाकर तेजी से चला गया।

'अजीब बात है। कुछ देर पहले कोई सज्जन फोन पर थियेटर के लिए खादी का कपड़ा माँग रहे थे और अब ये सज्जन कर रहे हैं ड्रामे के लिए खादी पहननी पड़ रही है।' नन्दरामजी सड़क की ओर देखते हुए बोले।

'हम सब जानते हैं, हमारे ही विभाग में नौकरी के लिए आया है। मैं तो खुद बैठूँगा इन्टरव्यू बोर्ड में। मुझे ही कह रहा था कि एक नेताजी हैं, जिनके कारण खादी पहननी पड़ रही है। मुझे जानता नहीं। अब इन्टरव्यू में जब मुझे बैठा देखेगा, तो चौंक जाएगा।' नेताजी ने हँसकर कहा।

'गई बिचारे की नौकरी। अब आप क्यों लेने लगे। आपके सामने ही खादी पहनकर गया है।' सदाशिवजी ने कहा।

'नौकरी में क्यों नहीं लेंगे ? सामने ही खादी पहनकर गया तो क्या हुआ ? जो व्यक्ति परिस्थितियाँ देखकर अपने को बदल लेता है वह वाकई बहुत हुशियार है। मनुष्य को चाहिए कि वह जैसा समय देखे वैसा करे, चाहे मन मारकर ही सही।' नेताजी ने कहा।

'सुन्दर बात कही है आपने। सुना सदाशिवजी, परिस्थितियों में मनुष्य को बदलना ही चाहिए, चाहे मन मारकर ही सही। आप देखते हैं टेलीफोन की घंटी बज रही है, तो चाहे व्यस्त क्यों न हों उठकर सुनना ही चाहिए। हर बार कह देते हैं हम हिसाब कर रहे हैं।'

इतने में टेलीफोन फिर बजने लगा। नन्दरामजी ने सदाशिवजी की ओर देख मुँह फेर लिया और काउंटर से सिर टिका सड़क की ओर देखने लगे।

राजनीतिक हलचल : नगर संस्करण

'राजनीतिक क्षेत्रों में हलचल' एक अखबारी मुहावरा है। हमारे नगर के सन्दर्भ में इसे समझना कठिन है। जो इस नगर में रहते हैं वे जानते हैं कि यहाँ राजनीतिक हलचल का मतलब क्या होता है ? मतलब है कुछ न करनेवाले नेताओं द्वारा कुछ नहीं किया जाना। यह सच है कि ऐसे दिनों खूब अखबार पढ़े जाते हैं और जानकारियों का आदान-प्रदान होता है। वे लोग ऐसे 'क्राइसिस' के मौकों पर गम्भीर हो जाते हैं और यह सिद्ध करने का प्रयास करते हैं कि वे गम्भीर हैं। और कई बार जोर-जोर से हँसकर यह सिद्ध करने का प्रयास करते हैं कि वे पुराने छँटे हुए घाघ हैं। घाघ न हों, वे पुराने जरूर हैं। कुछ तो शक्ल से कांग्रेस से भी पुराने कांग्रेसी लगते हैं। ये लोग मिलकर जो हलचल करते हैं उसे कहते हैं, नगर की राजनीतिक हलचल। यह सदैव एक जैसी होती है। हम तो बरसों से देखते आ रहे हैं।

आप बदरी भैया पंसारे को लीजिए। ऐसे हर मौके पर वे पहला

काम यह करते हैं कि टीन की बड़ी पेटी से अपनी बादामी शेरवानी निकालकर पहन लेते हैं। जब चीनी आक्रमण हुआ, तब उन्होंने यही किया था, जब पाक-आक्रमण हुआ तब यही किया और अभी जब दिल्ली में कांग्रेस दो खेमों में बँटने लगी तो उन्होंने यही किया। तुरन्त शेरवानी निकालकर पहन ली और अपनी बैठक में आकर बैठ गए। पंसारेजी का घर नगर के बीच में है और उनकी बैठक काफी बड़ी है। सिर्फ इसी कारण वे धीरे-धीरे शहर के प्रमुख नेता बन गए। कांग्रेस कमेटी का दफ़्तर नगर के छोर पर है। वहाँ तक जाने के कष्ट से बचने के लिए कांग्रेसी नेता हमेशा प्रस्ताव कर देते हैं कि क्यों नहीं बैठक पंसारेजी के निवास-स्थान पर कर ली जावे। इस आलस का नतीजा यह हुआ कि पंसारेजी बड़े नेता हो गए। कुछ हद तक इसमें उनकी बादामी शेरवानी का भी योग रहा। आपके विषय में कांग्रेसी मित्र कहा करते हैं कि पंसारेजी एकनिष्ठ, तपस्वी एवं सच्चे जनसेवक हैं। यह विशेषण बार-बार दुहराए जाते हैं। इसमें एक चाल है। यह हवा इसलिए बाँधे रहते हैं कि कहीं पंसारे चुनाव का टिकट न माँग बैठें। वे लोग कहते हैं कि पंसारेजी ज़रा भी पदलोलुप नहीं हैं। त्यागी और कर्मठ वगैरह हैं। नतीजा यह कि बेचारे पंसारेजी शहर कांग्रेस से कोषाध्यक्ष पद से कभी आगे नहीं बढ़ पाए और एक बादामी शेरवानी के बाद दूसरी नहीं सिलवा सके। पंसारेजी जब कोषाध्यक्ष थे, तब की हिसाब में कुछ गड़बड़ियाँ हैं। यह बात सबको पता है, मगर चुप रहते हैं। जिस दिन पंसारे टिकट की बात करेगा, ये लोग सारा कच्चा चिट्ठा खोल देंगे। पंसारे भी अपनी खैर इसी में समझते हैं कि तपस्वी बने रहें।

पंसारेजी ऐसे मुसीबत के मौकों पर एकता और सहयोग पर जोर देते हैं। जनता की नहीं, सिर्फ कांग्रेस की एकता। अपनी मिनमिन आवाज़ में कहते हैं—'ऐसा करें, सब लोग बैठ लें एक स्थान पर और चर्चा कर लें, जिसके जो विचार हों पता लग जाएँ तो सब मिल-जुलकर तय कर लें। क्या करना, क्या नहीं करना। फिर जैसा आप लोग उचित समझें। मेरे खयाल से तो सब लोग कहीं बैठ लें। क्योंकि ऐसा है कि

सबके क्या विचार हैं पता लग जाएगा और आगे क्या नीति रखना सो भी सेटल कर लेवें। सब लोग कहीं बैठ लें।'

और सब लोग कहीं बैठ लेते हैं। अखबारों में छपता है कि यह महत्त्वपूर्ण बैठक पंसारेजी के निवास-स्थान पर हुई। उनका नाम फैलता है।

दूसरे हैं बाबू किशनलाल आर्यभक्त। आर्यभक्त नाम तब से चला आ रहा है जब आप राष्ट्रीय कविताएँ लिखते थे और आपकी 'बढ़े चलो' नामक कविता सारे जिले में मशहूर हो गई थी। आपने एक साप्ताहिक निकाला था, जो बन्द हो गया। अनशन करने में उस्ताद हैं। बहुत बोलते हैं, खूब पान खाते हैं और शहर में कहीं भी खड़े हुए मिल जाते हैं। अपनी इसी आदत के कारण शहर के दो सुप्रसिद्ध 'मर्डरों' के चश्मदीद गवाह रह चुके हैं। उसमें आपने बड़ी रकम बनाई। कोई घरबार नहीं। पिछले बाईस वर्षों से कांग्रेस कमेटी के दफ्तर में रहते हैं। इन्हें हटाने का जब प्रस्ताव आया, आप अनशन करने बैठ गए। नतीजा यह है कि कोई चुने या नहीं, आप कांग्रेस के स्थायी कार्यालय-मंत्री हैं। हटाना कठिन है। 'क्राइसिस' के समय ऐसे उत्साह में आ जाते हैं कि वरिष्ठ नेता के दाबे नहीं दबते। आपका नारा रहता है कि बस जनता में कूद पड़ो। आपकी पीड़ा है कि 'हाय ! कांग्रेस जनता से दूर जा रही है।' आप आगाह कर चुके हैं कि अगर कांग्रेस जनता से दूर हो गई तो डूब जाएगी। हर 'क्राइसिस' के मौके पर आप गरजकर और फुसफुसाकर एक ही बात कहते हैं कि वक्त आ गया है, जब जनता में काम शुरू कर देना चाहिए। कांग्रेसी मित्र उनकी गरज से डरते हैं, मगर उनकी फुसफुसाहट का आदर करते हैं। जनता में काम करना मानो जनता को मूर्ख बनाने का षड्यन्त्र हो। सब सहमत हो जाते हैं। मगर कुछ नहीं होता। सिर्फ किशनलाल आर्यभक्त देर रात तक होटलों पर पान की दूकान पर खड़े रहते हैं। उससे कांग्रेस जितनी सुदृढ़ हो सकती है, हो जाती है।

तीसरे हैं लालाराम गौड़। दो बार जेल गए हैं और दोनों ही बार

राजनीतिक कारणों से। अन्य किसी कारण से पुलिस आपको कभी पकड़ नहीं पाई। संस्थाएँ खड़ी करने में जवाब नहीं आपका। नगर की तीन-चौथाई संस्थाएँ आपके कब्जे में हैं। कुछ जातियों के वोट इनके हाथ में हैं, इसलिए जब चाहे तब कांग्रेस से नाराज हो जाते हैं। आपका कहना है कि पंडित जवाहरलाल नेहरू जब तक रहे, अक्सर संकट के समय रात को ट्रंक काल कर आपसे सलाह लेते रहे हैं। सरासर गलत है, सब जानते हैं। भाषण हमेशा लम्बा खींचते हैं। विषय पर आने के पूर्व हमेशा विस्तार से बताते हैं कि हमारा भारतवर्ष कैसे आजाद हुआ। कोई नेता मरता है तो नगर में सबसे पहले आप ही उसे महान घोषित करते हैं। शोक-सभा में आँसू बहा देने में आपका सानी नहीं। खुद को निःस्वार्थ सेवक कहते हैं। पिछले दिनों दो हाउसिंग सोसायटीज डुबोईं और तीन मकान खड़े किए। संकट के समय पंसारेजी के निवास-स्थान पर बैठक में लालारामजी दो बातें हमेशा कहते हैं। एक तो यह कि कांग्रेस पार्टी को आत्मविश्लेषण कर अपने दोष देखना चाहिए तथा कुछ आम सभाएँ करनी चाहिए। आत्मविश्लेषण न हो पाए, मगर आम सभाएँ हो जाती हैं, जिनमें कुछ जनता एकत्र होती है और लम्बा भाषण दे लालाराम गौड़ बताते हैं कि भारतवर्ष कैसे आजाद हुआ। इसके घोर विरोधी हैं बाबू रतनसिंह सुराजी। पहले पन्द्रह अगस्त को झण्डावन्दन श्री सुराजी ने ही किया था, मगर बाद में वे कुछ नहीं कर पाए। कांग्रेस जब भी गलती करती है, आप तुरन्त कांग्रेस से त्यागपत्र दे देते हैं। और जैसे ही कांग्रेस कोई अच्छा काम करती है, आप फिर से संस्था में आ जाते हैं। साल में एक-दो बार ऐसा हो जाता है। ईमानदार चाहे हों, मगर भरोसे के नहीं। जब से राजनीतिक पीड़ित होने के कारण खेती के लिए सरकार से जमीन मिल गई है, कृषि-क्रान्ति के घोर-समर्थक हो गए हैं। संकल्प लिया है कि चार किलो का भुट्टा पैदा करेंगे और कृषि-मंत्री की नाक पर मारेंगे। लालाराम गौड़ से आपके राजनीतिक विरोध के कारण व्यक्तिगत हैं। जो लोग जमुनाबाई काण्ड से परिचित हैं, असली मामला जानते हैं।

फिर आते हैं युवक नेता नवलकिशोर प्रेमी। आप विगत सत्ताईस वर्षों से युवक नेता हैं और आगे भी रहेंगे। नई बत्तीसी फिट करवाई है और बालों पर ख़िज़ाब लगाते हैं। बातचीत में अक्सर जयप्रकाश नारायण का जिक्र करते हैं जिनसे वे असहमत हैं। खुद को कांग्रेस का 'यंग ब्लड' कहते हैं और पार्टी के आन्तरिक चुनावों में मुँह की खाते हैं। 'क्राइसिस' के मौकों पर कहते हैं कि हमने तो पहले ही कहा था, तब किसी ने नहीं सुनी। चीनी आक्रमण के समय आपने कहा कि हमने तो पहले ही कहा था, पाक-आक्रमण के समय बोले : हमने पहले ही कहा था, कांग्रेस जब चुनाव में हारी तब बोले हमने पहले ही कहा था और अभी निजलिंगप्पा और इन्दिरा गांधी के मतभेद हुए तो बोले कि हमने तो पहले ही कहा था कि कांग्रेस टूटेगी, मगर तब हमारी किसी ने नहीं सुनी। हमेशा यही होता है। वे पहले ही कह देते हैं और उनकी कोई नहीं सुनता। उनके युवा होने का प्रमाण यह है कि अखबारों में छपी खबर पर सन्देह करते हैं और सभी हिन्दी पिक्चरें देखते हैं। अपने को जनता का सही आदमी मानते हैं और आर्यभक्तजी से इनकी पटरी खूब बैठती है, क्योंकि दोनों सड़क-छाप हैं।

इसके बाद हैं पन्नालालजी तीन सौ। आपके सम्मान में एक बार किसी संस्था ने पाँच सौ एक रुपयों की थैली भेंट करने का निर्णय लिया था, मगर कुल तीन सौ ही एकत्र हो पाए। लाचार होकर झिकझिक के बाद संस्था ने तीन सौ ही भेंट कर दिए। तब से जनता आपको पन्नालाल तीन सौ कहने लगी। अब वही नाम पड़ गया। बारह वर्ष से सहकारिता की खा रहे हैं और पक्के गांधीवादी कहलाते हैं। मौके पर मौन मार जाते हैं और पीठ पीछे सबकी बुराइयाँ करते हैं। और हैं देवीचरण कालीचरण फर्म के मुनीम बजरंगसहाय गुप्ता, कनकमल नामोद, विश्वबन्धु जिला-गांधी और एक केन्द्रीय मंत्री के डायरेक्टर चमचे विश्वनाथ दवे। बजरंगसहाय गुप्ता ज्योतिष पर विश्वास करते हैं। 'क्राइसिस' के वक्त बोल देते हैं कि मेष का शनि जो करवाए कम है। धीरज रखो। कनकमल नामोद के विषय में सब

जानते हैं कि व्यर्थ हैं। न लीपने के न छावने के। विश्वबन्धु जिला-गांधी पुराने नेता हैं। 'जिला-गांधी' नाम जिले की जनता ने दिया था। आपको सर्वोदय वालों ने अपनी तरफ खींचने की बड़ी कोशिश की, मगर नहीं गए। बोले, सक्रिय राजनीति में रहूँगा। नतीजा यह हुआ कि कहीं के नहीं रहे। कन्धे पर खादी की थैली लटकाए रहते हैं। उसमें एक घड़ी रखते हैं। जब देखना होता है, थैली से निकालकर घड़ी देखते हैं।

ये सब लोग मिलकर जो कुछ करते हैं उसे कहते हैं राजनीतिक हलचल। वह हमेशा एक जैसी होती है। सबसे पहले यों होता है (और इस बार भी हुआ) कि बदरी भैया पंसारे ने अपनी बादामी शेरवानी पहनी और बैठक में आ गए। कुछ देर बाद कांग्रेस दफ्तर से किशनलाल आर्यभक्त का फोन आया। बोला, "नवलकिशोर प्रेमी को लेकर आपके उधर आ रहा हूँ। कहीं जाना मत।" पंसारेजी ने पन्नालाल तीन सौ को फोन लगाया।

सब बैठे। चर्चा हुई। नवलकिशोर प्रेमी ने कहा कि हमने पहले ही कही थी कि राष्ट्रपति चुनाव को लेकर कांग्रेस में झगड़े पड़ेंगे। लालाराम गौड़ ने सुझाव दिया कि इस पर एक आम सभा हो जाए, क्योंकि जनता भ्रम में है। प्रेमी ने कहा कि अखबार में ठीक खबरें नहीं आ रही हैं। विश्वनाथ दवे बोले कि भाई साहब से दिल्ली ट्रंक करके पूछ लो क्या करना, कैसा करना। बजरंगसहाय ने कहा कि फरवरी से गुरु अच्छा फल देंगे, तब तक सबर खाओ। विश्वबन्धु जिला-गांधी पास के जिले के एक विधवाश्रम में चल रहे गांधी शताब्दी समारोह के मुख्य अतिथि थे, सो आ नहीं सके। दूसरे दिन बाबू रतनसिंह सुराजी ने कांग्रेस में बढ़ती अनुशासनहीनता को देखकर कांग्रेस से त्याग-पत्र दे दिया।

कुछ दिनों बाद नगर की राजनीतिक हलचलों पर अख़बारों में यों खबरें आईं :

"दिल्ली में हो रही घटनाओं को लेकर विगत दिनों नगर के

कांग्रेसी क्षेत्रों में काफी राजनीतिक हलचलें देखी गईं। स्पष्ट रूप से दो दल नजर आ रहे हैं। पुराने कांग्रेसी नेता बाबू रतनसिंह सुराजी ने दल में बढ़ती अनुशासनहीनता से दुखी होकर त्याग-पत्र दे दिया है। कुछ और व्यक्तियों के टूटने की सम्भावना है।''

गत शनिवार नगर कांग्रेस द्वारा आयोजित आम-सभा में श्री किशनलाल आर्यभक्त ने कहा कि अगर कांग्रेस जनता से दूर हो जाएगी तो डूब जाएगी। युवक नेता नवलकिशोर प्रेमी ने कहा कि कांग्रेस के टूटने के लक्षण (काफी पहले से) दिखाई दे रहे थे और नेताओं को आगाह किया जा चुका था, मगर खेद है कि तब किसी ने इस ओर ध्यान नहीं दिया। आपने कहा कि अब वक्त आ गया है जब कांग्रेस युवकों को सौंप दी जाए और पुराने नेता हट जाएँ। श्री लालाराम गौड़ ने अपने लम्बे भाषण में बताया कि किस प्रकार देश की आज़ादी में कांग्रेस ने योग दिया। सभा में सर्वश्री बदरी भैया पंसारे, बजरंगसहाय गुप्त, पन्नालाल तीन सौ आदि नेताओं के भी भाषण हुए। सबने कांग्रेस की एकता पर जोर दिया।

फिर राजनीतिक हलचलें हुईं। फिर वही हुआ। फिर खबर छपी। इस बार भी नेताओं ने वही भाषण दिए। थोड़ा अन्तर था। नवलकिशोर प्रेमी ने कहा कि हमने नेताओं से कह दिया था कि कांग्रेस के सामने समाजवाद के अलावा कोई रास्ता नहीं है, मगर तब किसी ने नहीं सुना। अब वक्त आ गया है जब कांग्रेस युवकों को सौंप दी जाए। शेष भाषण वैसे ही रिपोर्ट किए गए। जोर समाजवाद पर था। सभा की विशेष बात थी कि पुराने कांग्रेसी नेता बाबू रतनसिंह सुराजी, जिन्होंने बढ़ती अनुशासनहीनता देख त्याग-पत्र दे दिया था, कांग्रेस के समाजवादी उद्देश्यों से सहमत हो वापस कांग्रेस को मजबूत बनाने आ गए।

सभा की अध्यक्षता विश्वबन्धु जिला-गांधी ने की। वे विधवाश्रम के कार्यक्रमों से आ गए हैं और सक्रिय हैं।

शब्दों को अर्थ देनेवाले साथी

शुरू में मतों का समूहीकरण नहीं हुआ। सवाल ने धीरे-धीरे शक्ल अख्तियार की। कुछ साथी थे जो ऐसा सोच रहे थे। उन्होंने बाद में कहा। दीगर साथियों ने भी अपने खयाल जाहिर किए। हिसाब लगाकर देखा कि अस्सी सैकड़ा की राय एक-सी है। सबब स्पष्ट था कि तीन-चार घंटे बीत चुके। बिना साफ हवा के दिमाग का खुलना मुनासिब नहीं था। बेहतर यह होता कि पहले उसूल तय किया जाता, मगर उतना वक्त नहीं था। अमल के लिए छोटा-सा प्रोग्राम बना लिया। जाहिर है, उसी से नए उसूल सामने आते हैं। शब्दों को अर्थ दिया जाना चाहिए। सभी साथी यही सोच रहे थे। वहाँ से कॉफी हाउस एक मील था। तय हुआ कि पैदल चला जाए और वहाँ जाकर जनता के बीच में बैठकर कॉफी पी जाए, डोसे खाये जाएँ। एक साथी बिगड़े। बोले, कॉफी के पूर्व डोसा खाने का विचार द्विज विचार है, जो संघर्ष की शख्सियत के प्रतिकूल है। इस पर थोड़ी बहस हुई। फिर तय रहा

कि पहले वहाँ जाकर कुर्सियों पर कब्जा करना जरूरी है। यह पहला कदम होना चाहिए। दीगर मसले वहीं तय होंगे।

साथी कॉफी हाउस की ओर बढ़े। कुछ इसी सूबे के थे, कुछ दीगर सूबों के, जो बचपन से ही यहीं बसे हुए हैं। जाति भी अलग-अलग। उनके सोचने का तरीका और संस्कार भिन्न थे, मगर एक सामान्य रचनात्मक अनुशासन के अन्तर्गत वे आगे बढ़ रहे थे। वे सड़क के स्तर तक एकजुट होने में कामयाब हुए थे।

यह सड़क रेलवाई के स्टेशन से आती है। राह में कुछ झोंपड़े हैं और कुछ छोटे दूकानदार सौदा-सुल्फ बेचते हैं जैसे दाढ़ी बनाने का ब्लेड वगैरह। वहीं ट्रांसफर्मा लगा है बिजली का। बाएँ को मजिस्टर का दफ्तर और आगे कोतवाली है, जहाँ रपट लिखाई जाती है। सड़क पर अनेक युवजन आ-जा रहे हैं कायदे से। पुलिस की हिमाकत का समुचित प्रत्युत्तर देने को सक्षम हैं, मगर फिलहाल कोई क्रांति नहीं हो रही। हवा चल रही है अपनी मर्यादा के अनुसार, जो वाजिब है। साथी लोग यह सारा गैरबराबरी का नजारा देखते बढ़ रहे हैं। गो, माहौल खुशनुमा है, हालाँकि उसकी भी अपनी कमजोरियाँ हैं। तफसील के दावे व्यर्थ हैं, मगर जैसे यही कि कुछ लोग कार में बैठे गिट-पिट करते चले जा रहे हैं। साथियों को यह गैर-बराबरी ठीक नहीं लगी। तभी कॉफी हाउस आ गया।

'देखो दोस्तो, ऐसे नक्सलवादी तरीके से कॉफी हाउस में घुसना ठीक नहीं। हमें कुछ सूत्रों का एक कार्यक्रम बना लेना चाहिए और मियाद मुकर्रर कर देनी चाहिए।'

'हम लोग कॉफी पिएँगे, यह मिनिमम प्रोग्राम है। और डोसा खाएँगे।'

'इस प्रस्ताव पर कोई भाई अपने खयाल...'

'मंजूर है।'—कुछ आवाजें आईं।

'मुझे डोसा खाना द्विज हरकत लगती है।'

'डोसा खाना द्विज हरकत नहीं है। मैंने दक्खन में पिछड़े लोगों

को डोसा खाते देखा है। मेरा उनसे थोड़ा सांस्कृतिक सामीप्य हुआ था। मगर एक फर्क है जो मैंने कहीं-कहीं गौर किया, उसी से कहता हूँ, सब साथी विचार करें कि खाते वक्त छुरी-काँटे का इस्तेमाल अफसरशाही क्रिया है। हमें नहीं करना चाहिए।'

'इसे अमली शक्ल देने में मुसीबत आ सकती है। डोसा हमेशा छुरी-काँटे से खाने की आदत रही है।'

'अगर मुसीबतों से मुकाबला नहीं कर सकते तो पार्टी छोड़ दें।'

सब चुप हो गए, मगर चिन्तन की प्रक्रिया जारी रही। सवाल आम बहस के लिए खुला छोड़ दिया गया। नब्बे सैकड़ा मेम्बरों में डोसा खाना तय पाया गया और इस दिशा में जल्दबाजी भी दिखाई गई, क्योंकि भूख लग रही थी। वे छुरी-काँटे का त्याग करने को तत्पर थे। मामले को ठीक नजरिए से समझने के लिए वे इतिहास में गए। देखा कि यह रिवाज बरतानिया से आया है और मुल्क की आजादी के बाद जवाहरलाल ने इसे खत्म करने की दिशा में कोई पहल नहीं की, बल्कि उल्टे बढ़ावा दिया। अब इस सरकार से उम्मीद करना बेकार है। जब तक समाजवादी ताकतें एक होकर छुरी-काँटों के खिलाफ कड़ा कदम नहीं उठाएँगी, यह आदत मुल्क के अफसर-वर्ग में कसरत से कायम रहेगी। इस मामले में सूबाई साथियों को चाहिए कि वे अपने इलाकों के लिए एक कार्यक्रम आरम्भ कर दें, जिसका लक्ष्य बड़े होटलों, डाक-बंगलों और सरकारी ऐशगाहों से छुरी-काँटों का उन्मूलन हो। अगर जरूरी समझा जाए तो घेराव किया जाए और आन्दोलन की पूरी रपट केन्द्रीय दफ्तर को भेजी जाए। इस काम में उन्हें भूमिहीनों, हरिजनों तथा अन्य पिछड़ी जातियों का नैतिक समर्थन मिलेगा क्योंकि वहाँ ऐसे रिवाज नहीं पाये जाते। दिल्ली में काम शुरू किया जाना चाहिए। सरकारी शाहखर्च पार्टियों में, जो राष्ट्रपति या वजीरों द्वारा बुलाई जाती हैं, सोशलिस्ट साथी छुरी-काँटा उठाकर फेंक देंगे। आन्दोलन को सिविल नाफरमानी की शक्ल दी जाएगी। आज ही हम इस सवाल पर बम्बई, दिल्ली और बनारस के साथियों को चिट्ठियाँ

डालेंगे। आन्दोलन की शुरुआत इसी कॉफी हाउस में आज से की जाएगी। इसे आगे बढ़ाने के लिए हम दीगर पार्टियों से भी बातें करेंगे। कम्युनिस्टों से उम्मीद करना बेकार है, क्योंकि वे साम्यवादी देशों के पिछलग्गू हैं। जनसंघ शायद तैयार हो जाएगा, क्योंकि वह भारतीय संस्कृति पर एक खास नजरिए से, हालाँकि मतभेद हो सकते हैं, जोर देता है।

'तो साथियो, यह तय रहा। अब अमल शुरू। घुसो कॉफी हाउस में।' एक साथी ने कहा और सब अन्दर घुस गए। अन्दर कुर्सियों के लिए संघर्ष नहीं करना पड़ा, क्योंकि जगह बहुत थी। वे लोग एक टेबुल को घेरकर बैठ गए। मनीजर को खबर भिजवाई गई कि फलाँ टेबुल पर डोसा होना चाहिए। इन साथियों ने सारी दोपहर एक कमरे में बैठ जिले के मामलों पर चर्चाएँ और बहसें करते गुजारी थीं। इनमें से कुछ बुजुर्ग नेता थे, जिन्हें कई आन्दोलनों का अनुभव था। वे जब जहाँ चाहें कांग्रेसी हुक्मरानों को नाकों चने चबवा सकते थे। चबवाए भी थे।

डोसे की प्लेटें आ गईं। एक साथी खड़ा हुआ और चिल्लाया—'इस मुल्क में अब काँटा-छुरी की सभ्यता नहीं चलेगी।'

'नहीं चलेगी, नहीं चलेगी।'

'इस मुल्क में जहाँ बेकारी और बेरोजगारी हो, भूमिहीनों को जोत के लिए जमीन नहीं मिल रही हो, आदिवासी तीन आना रोज पर गुजर-बसर कर रहे हों, काँटा-छुरी से खाना जुल्म और नाइंसाफी है, गैर-बराबरी को कायम रखना है। अगर कॉफी हाउस की मनीजमेण्ट काँटा-छुरी नहीं खरीदे तो डोसा के भाव कम हो सकते हैं। इससे कीमतों को बाँधने में मदद मिलेगी। मगर अफसोस है कि हुकूमत का ध्यान इस मुद्दे की ओर कभी नहीं गया। हमें यह काम अपने हाथों में ले शहरी अवाम को तैयार करना होगा। हम अभी इसी वक्त छुरी-काँटे फेंक इस आन्दोलन की शानदार शुरूआत करते हैं। दोस्तो, काँटा-छुरी फेंक दो।'

फर्श पर विभिन्न दिशाओं में काँटे-छुरी जा गिरे। साथी शान्ति

से डोसा खाने लगे। कुछ जोरदार मजाकें हुईं, कुछ जिन्दादिल ठहाके लगे और एक साथी तवरीडेला आन्दोलन के समय कलक्टर से बातचीत के मजेदार संस्मरण सुनाने लगे। तभी कॉफी आई। पी गई। इसी बीच दो कांग्रेसी जो आजकल सत्ताधारी दल में थे, कॉफी हाउस में घुसे और पास की टेबुल पर बैठ गए। दोनों ने वेजीटेबल कटलेट्स के आर्डर दिए और धीरे-धीरे किसी विभाग के टेन्डर पर बातें करने लगे। इधर अपनी कॉफियाँ खत्म करने के बाद साथियों में उत्साह बढ़ गया था। वे ऐक्शन के लिए नए सिरे से तैयार हो गए थे। एक कह रहा था–'जब तक जनता के दिल से यह आतंक समाप्त नहीं होगा कि हिन्दुस्तान की राजनीति कांग्रेस के ही हाथों में होगी, तब तक नए सिरे से राजनीतिक चिन्तन आरम्भ नहीं होगा। हमें हर स्तर पर कांग्रेस को उखाड़ना है।' सहसा उसकी नजर उन दोनों कांग्रेसियों पर गई जो छुरी-काँटे से वेजीटेबल कटलेट्स खा रहे थे। वह उठा और बोला–'कर्म आवश्यक है, नारों को जिन्दगी में बदलना होगा। इसमें देर नहीं की जाएगी।' और उसने जाकर कटलेट खा रहे एक कांग्रेसी की नाक पकड़ ली। कांग्रेसी ने उसकी ओर जलती हुई आँखों से घूरा। उसे उम्मीद थी कि साथवाला कांग्रेसी उसकी नाक की रक्षा में मदद देगा, मगर वह खाने में लगा था।

'यह आप क्या कर्एँ हैं ?' कांग्रेसी बोला, जिसकी नाक पकड़ी गई थी।

'नाक पकड़ रहे हैं आपकी।'

'क्यों ?'

'वक्त आ गया जब कांग्रेस की नाक पकड़ी जाए। इक्कीस साल से जुल्म सह रहे हैं। हद हो गई।'

'देखा आपने ! ये तरीके हैं इनके ! बड़े शरीफ बनते हैं, खुद को सिद्धान्तवादी कहते हैं ! लोहिया के चेले।'

'खैर मनाइए जनाब कि शराफत और संस्कृति के मामले में आपके हमारे दृष्टिकोण में बुनियादी अन्तर है। आपका तरीका

छुरी-काँटों का तरीका है, हम वस्तु को हाथ से पकड़ते हैं। यही गांधी का तरीका है। ज़रा कल्पना कीजिए कि हम आपकी नाक छुरी-काँटे से पकड़ते तो आप पर क्या गुजरती।'

'आप कब तक नाक पकड़े रहिएगा ?'

'जब तक यह जड़ से न हिल जाए।'

दूसरे कांग्रेसी ने अब तक अपनी प्लेट साफ कर दी थी। उसने इतमीनान से कहा, 'देखिए भाई साहब, आप भी पॉलिटिक्स में हैं और हम भी पॉलिटिक्स में हैं। आप जिस मजबूरी से इन कांग्रेसी भाई की नाक पकड़े हैं, हम समझ रहे हैं। लीडरी जमाने के लिए यह सब करना पड़ता है। हमने भी किया है। इधर बीस-इक्कीस साल से प्राक्टिस छूट गया है, मगर एक वक्त में हमने किलब में घुसकर एक अंग्रेज की नाक पकड़ी थी। मगर जिस कांग्रेसी भाई की नाक आप पकड़े हैं, वे इधर ज़रा कष्ट में चल रहे हैं। आप कांग्रेस छोड़ने की सोच रहे हैं। कांग्रेस के सच्चे सेवक रह चुके हैं। मगर एक घटना ने दिल खट्टा कर दिया। इन्हें कांग्रेस का समाजवाद धोखा लग रहा है।'

'वह तो है ही, इसमें क्या शक है। वह छुरी-काँटे का समाजवाद सरासर धोखा है।' साथी ने कांग्रेसी की नाक छोड़ दी और कहा, 'कोई बात नहीं जनाब, आप उस सड़ी-गली कांग्रेस को छोड़ रहे हैं तो आप हमारे दोस्त हैं। आपकी नाक हमारी नाक है।' और वह दोनों से हाथ मिलाकर अपनी टेबुल की ओर लौट गया।

इस लाजवाब कार्रवाई पर सभी साथियों ने, जो कर्म की महत्ता पर विश्वास करते थे, उसे बधाई दी। उन्होंने कहा कि नारे को वास्तविकता में बदलना, शब्दों को अर्थ देना इसी को कहते हैं। वे सब प्रसन्न थे कि इसी सीधी कार्रवाई ने इस पुराने भ्रष्ट कांग्रेसी को आत्मविश्लेषण कर उस सड़ी-गली कांग्रेस को छोड़ने को प्रेरित किया।

मगर ऐसा नहीं था। जब वे लोग कॉफी हाउस से बाहर निकल गए, तब उस कांग्रेसी ने, जिसकी नाक पकड़ी गई थी, दूसरे कांग्रेसी से कहा, 'अभी हमारा दल छोड़ना अनिश्चित है। यदि वे मंत्री महोदय

इस्तीफे के दबाव पर हमारे आदमी के नाम टेन्डर मंजूर कर देते हैं तो हम उनके साथ हैं और उनका समाजवाद का कार्यक्रम हमें स्वीकार है। नहीं, भाड़ में जाएँ। यह डिक्टेटरशिप हम सहन नहीं करेंगे और संगठन के प्रति निष्ठा के नाम खिसककर दूसरे गुट में चले जाएँगे।' फिर आँख मारकर बोले, 'और तुम कहो इन विरोधी पार्टीवालों से मिल जाएँ, कम-से-कम नाक तो बचेगी।'

इतना कहकर वे दोनों खुर्राट जोर-जोर से हँसने लगे।

समस्याग्रस्त वर्तमान और 000 का बड़ा बट्टा

साहित्य, संस्कृति और दर्शन में जो श्रेष्ठ है, वह अन्ततः 000 सोप वर्क्स के 000 साबुन के लिए है। मैं इस नतीजे पर पहुँच चुका हूँ। पिछले ढाई माह से मैंने कोई ऊँची बात नहीं सोची। दस तारीख को एक उच्च विचार मेरे दिमाग में फूटा था, मगर मैंने उसे प्रकट नहीं किया। उस समय रामकिशोरीलाल के साथ होटल में बैठा उसके पैसों से कचौरी खा रहा था। मुझे डर लगा कि कहीं यह उच्च विचार रामकिशोरीलाल ने सुन लिया तो वह 000 सोप वर्क्स के भैयाजी को बता देगा और भैयाजी उसे दूसरे ही दिन 000 साबुन के विज्ञापन में प्रकाशित कर देंगे। मैंने तुरन्त अभिव्यक्ति की बाटली पर संयम का बुच लगाया अर्थात चुप रह गया। मैं सोचता हूँ कि सार्त्र और उस स्तर के जितने विद्वान हैं, सबके हित में है कि चुप हो जाएँ। अपने कहे सारे शब्द पूर्ण-विराम, अर्ध-विराम तथा ऐसे समस्त चिन्हों सहित वापस ले लें। वह दिन दूर नहीं जब 000 सोप वर्क्स के भैयाजी अस्तित्ववाद का सीधा

सम्बन्ध 000 साबुन की टिकिया उर्फ बड़े बट्टे से जोड़ देंगे। तब सार्त्र को सिर छुपाने को जगह नहीं मिलेगी। फिलहाल वे भारतीय चिन्तकों पर कृपा कर रहे हैं। वेद, उपनिषद्, गीता में जो कहा गया, वह सब 000 साबुन की बड़ी टिकिया उर्फ बड़ा बट्टा अपने में समेटे है।

आज का अखबार लीजिए। हमेशा की तरह 000 के बड़े बट्टे का विज्ञापन कुछ यों है :

'सहस्त्रों वर्ष की सांस्कृतिक एवं आध्यात्मिक परम्परा में श्रद्धा एवं विश्वास रखनेवाले व्यक्ति यदि आज इस संकटपूर्ण परिस्थिति में जागरूक नहीं होंगे तो हमारी पुनीत, प्राचीन एवं नित नूतन संस्कृति हमारी मातृभूमि से सदा के लिए नष्ट हो जाएगी।

'राष्ट्र की अन्तरात्मा एवं एकात्मता की रक्षा की आकांक्षा से हमें जीवन के समग्र क्षेत्रों में जो पवित्र एवं श्रेष्ठ है उसे अपनाना होगा तथा राष्ट्र-विरोधी एवं आसुरी शक्तियों को परास्त करना होगा।

'नकली साबुनों से बचकर आप इन राष्ट्र-विरोधी एवं आसुरी शक्तियों को परास्त करेंगे जो आज साबुन-निर्माण के पवित्र व्यवसाय को कलंकित कर रही हैं।

'श्रेष्ठ को अपनाइए। श्रेष्ठ है 000 सोप वर्क्स का 000 साबुन। बड़े बट्टे का मूल्य मात्र 50 पैसे।

'राष्ट्र की सांस्कृतिक परम्परा की रक्षा कीजिए।'

उक्त विज्ञापन पढ़ कौन भारतीय संस्कृति का चालू प्रेमी फड़क न उठेगा। मैंने पढ़ा, तो मुझे अपने कर्त्तव्य स्मरण हुए। कर्त्तव्य दो हैं—एक : भारतीय संस्कृति की रक्षा और, दूसरा : तुरन्त 000 का बड़ा बट्टा खरीदना। आप चाहें तो पहले बड़ा बट्टा खरीद बाद में भारतीय संस्कृति की रक्षा कर सकते हैं। अगर दोनों कर्त्तव्य भारी पड़ते हों तो आप केवल भारतीय संस्कृति की रक्षा में जुट जाएँ बिना 000 का बड़ा बट्टा खरीदे। या आप सिर्फ बट्टा खरीद लें और विश्वास रखें कि इसी में भारतीय संस्कृति की रक्षा है।

ऐसे विज्ञापन पढ़ अब मेरी निश्चित धारणा हो चुकी है कि

विज्ञापन जागृति के माध्यम हैं। यह लब्बोतरे जूड़े, बाँहों में झरने की तरह गिरते साड़ियों के पल्ले, नाव से कटे हुए ब्लाउज़, प्राचीन मूर्तियों से अपने सौन्दर्य का मिलान करनेवाले पथरीली मुस्कान लिए चेहरे, स्पर्श के क्षेत्र में मिनी ऊँचाइयाँ, फूल की पाँखुरी की-सी स्नोजन्य कोमलता, शक्ति और तन्दुरुस्ती की विटामिन प्रेरणाएँ, सिगरेट के भरपूर कश, सर्वोत्तम सफेदी, मनमोहक सुगन्ध से भरपूर तथा अनेक विशेषताओं से युक्त जो कुछ सर्वत्र प्रशंसित है, रंग जमा रहा है; मेहनत के बाद तसल्ली पूरी देता है—वह सभी कुछ विज्ञापनों के कारण है, माल बिके न बिके मगर माल में जो निहित गुण है वह प्रतिष्ठित हो जाता है। स्नो बिके या न बिके, त्वचा की कोमलता के वैयक्तिक आग्रहों को सामाजिक मान्यता मिल जाती है। माल उखड़ता है, मगर गुण स्थापित हो जाता है जो माल को नए सिरे से निमन्त्रित करता है। यह क्रम चलता रहता है और देश सुन्दरता के सभ्य सांस्कृतिक सोपान चढ़ता रहता है।

मगर नत-मस्तक हूँ 000 सोप वर्क्स वाले भैयाजी के सामने। वे 000 का बड़ा बट्टा हाथ में ले खड़े हुए हैं और देश की हर चुनौती का सामना कर रहे हैं। उनका विज्ञापन हर समस्या से जूझता है। सारे नगरवासी जानते हैं कि देश के स्वर्णिम भविष्य के लिए आज 000 का बड़ा बट्टा क्या नहीं कर रहा।

पिछले दिनों देश में बड़े पैमाने पर दलबदल हुआ। समूचा प्रजातन्त्र एकाएक सिलसिलाहीन हो गया। भैयाजी ने सोचा यह क्या हो रहा है ? यह देश इधर किधर जा रहा है ? उन्होंने अपने प्रिय 000 साबुन की ओर पलभर निहारा और निर्णय लिया कि वे राजनीति में व्याप्त इस दुष्प्रवृत्ति की ओर जनता को आगाह करेंगे। संकट की इस घड़ी में देश को इन दलबदलुओं से तथा उन सब दुष्टों से, जो 000 की नकल में अशुद्ध साबुन बना इस पावन क्षेत्र को कलंकित कर रहे हैं, सावधान करना होगा। दूसरे दिन स्थानीय दैनिक में विज्ञापन प्रकाशित हुआ :

'क्या बिना पेंदे के लोटों के सहारे इस देश में प्रजातन्त्र अधिक दिनों कायम रह सकेगा ? नहीं, कदापि नहीं !

'आज हमारे देश के नेताओं के सारे आचरण-व्यवहार अनैतिक, दोषपूर्ण और अनुचित हैं। बार-बार दल बदलना इसका प्रमाण है। सारे प्रजातन्त्र की क्वालिटी बिगड़ रही है।

'क्या देश के नागरिक इस स्थिति को सहन करेंगे ? नहीं, कदापि नहीं !

'जब वे अशुद्ध तत्त्वों से युक्त साबुनों को ठुकराकर शुद्ध क्वालिटी वाला असली 000 साबुन (बड़ा बट्टा 50 पैसे) खरीदने पर जोर देते हैं तो वे राजनीति में भी अशुद्ध तत्त्वों को कैसे स्वीकार करेंगे ?

' 000 सोप वर्क्स का शुद्ध 000 साबुन खरीदकर दलबदलुओं से देश के प्रजातन्त्र को बचाइए।'

इस विज्ञापन से नगर में दलबदलुओं के खिलाफ चेतना की लहर दौड़ गई। जिसने पढ़ा वही विचारों में खो गया और बाद में झुँझलाकर उठा और 000 का बड़ा बट्टा खरीद लाया। इसके अलावा क्या किया जा सकता था ! जब देश में प्रजातन्त्र का पतन हो रहा हो तब हम 000 का बड़ा बट्टा खरीदने के अलावा क्या कर सकते हैं !

आज 000 का बड़ा बट्टा प्रतीक़ बन गया है। हर जोर-जुलुम की टक्कर में 000 का बड़ा बट्टा हमारा नारा है। नगरवासियों की आदत बन गई है कि जब कोई ज्वलन्त समस्या खड़ी होती है, वे मार्गदर्शन के लिए 000 के बड़े बट्टे की ओर देखते हैं और प्रेरणा पाते हैं। कई बार 000 साबुन के विज्ञापन से ही उन्हें पता लगता है कि आज देश की ज्वलन्त समस्या क्या है। 000 साबुन जनता के सुख में सुखी और दुख में दुखी है। हर अवसर पर वह अग्रणी है। वह हमारा मनोबल बढ़ाता है और धीरज बँधाता है। अभी एक नेता की मृत्यु हुई तो 000 का बड़ा बट्टा रो पड़ा। उस दिन विज्ञापन यों छपा था :

'हमारे महान नेता का आज स्वर्गवास हो गया। सारी जनता

मृतात्मा का स्मरण कर शोक-संतप्त है।

'धीरे-धीरे सभी महान नेता भारत भूमि से उठते जा रहे हैं। हमारा देश अपने को अनाथ अनुभव कर रहा है। अब कौन है जो सत्य, अहिंसा आदि उच्च मानवीय गुणों की रक्षा करेगा ? कौन है जो बढ़ती मिलावट को रोकेगा ? कहीं ऐसा न हो कि जोरदार नेताओं के अभाव में देश में नकली साबुनों की बाढ़ आ जाए और 000 के शुद्ध बड़े बट्टे का मान गिर जाए।

'नहीं, ऐसा नहीं होगा ! हम अपने महान स्वर्गीय नेता के बताए मार्ग पर चलकर सत्य, अहिंसा की ज्योति जलाए रखेंगे। हम 000 के बड़े बट्टे (मूल्य 50 पैसे) का सम्मान बनाए रखेंगे। असल की जगह नकल नहीं चलने देंगे।

' 000 सोप वर्क्स का 000 का बड़ा बट्टा खरीद स्वर्गीय नेता के प्रति श्रद्धांजलि अर्पित करें।'

नेता की मृत्यु के कारण उस दिन दफ्तरों और स्कूलों की छुट्टी थी। लोग घर पर पड़े शोक में सपत्नी अलसा रहे थे। विज्ञापन पढ़ वे चौंक गए होंगे और आश्चर्य नहीं तुरन्त 000 का बड़ा बट्टा खरीद मल-मलकर नहाने और मैले कपड़े साफ करने बैठ गए हों। मैं तो 000 साबुन का एक माह का स्टाक पहली तारीख को खरीद लेता हूँ ताकि राष्ट्र पर आए संकट के क्षणों में मुझे बाजार नहीं दौड़ना पड़े। संकट आता ही रहता है, क्योंकि देश इस समय संक्रमण के दौर से गुजर रहा है। नित नई समस्याएँ खड़ी हो रही हैं। ऐसे में 000 का बड़ा बट्टा ही हमारा सहारा है। नेता निर्णय नहीं ले पा रहे हैं, पर जनता तो ले सकती है। उसे तो 000 बड़ा बट्टा खरीदने से कोई रोक नहीं सकता।

और जब नेता निर्णय लेते हैं, 000 के बट्टे को प्रसन्नता होती है। बैंक राष्ट्रीयकरण के उत्साह में 000 ने हाथ बँटाया, उस दिन 000 सोप वर्क्सवाले भैयाजी ने स्थानीय दैनिक में विज्ञापन दिया :

'बैंकों का राष्ट्रीयकरण हो गया। देश के आर्थिक जीवन में यह

एक नई क्रान्ति की शुभ सूचना है। नेताओं ने यह समयोचित कदम उठाकर अपनी डूबती नैया को बचाया है। वे बधाई के पात्र हैं।

'यदि इसी प्रकार जनहित की नीतियाँ बना उन पर अमल किए जाएँ तो कृषि और उद्योग दोनों को लाभ पहुँचे। वस्तुओं के भाव न बढ़ें। आज जो 000 का बड़ा बट्टा 50 पैसे में मिल रहा है, उसके दाम न बढ़ाने पड़ें। जनता की यही आकांक्षा है और इसी कारण वह बैंकों के राष्ट्रीयकरण से प्रसन्न है।

'अब देखना यह है कि यह नई नीति राष्ट्र को कितना लाभ पहुँचाती है। जनता को पूरा सहयोग देना होगा। बाजार में अशुद्ध तत्त्वोंवाले नकली साबुनों से मुक्ति पाकर 000 सोप वर्क्स के 000 साबुन का घर-घर उपयोग बढ़ाकर ही हम देश में सच्चा समाजवाद ला सकेंगे। इस दिशा में सक्रिय पहल हेतु बड़े बट्टे का मूल्य मात्र 50 पैसे।'

पर इससे यह समझना भूल होगी कि साबुनों में अद्वितीय 000 का बड़ा बट्टा जैसा वातावरण देखता है वैसा ही बाना धारण कर लेता है। नहीं, कदापि नहीं। यदि ऐसा होगा तो साबुन के क्षेत्र में 000 के बड़े बट्टे और राजनीति के क्षेत्र में 420 की छोटी बट्टियों में क्या अन्तर रह जाएगा ? वह ऊँचा उठता है। दार्शनिक ऊँचाइयों में जो मनीषियों ने विचारा है, जो महान सूत्र बिखरे हैं और मानवता का पथ-प्रदर्शन करते हैं, उन सब पर 000 का बड़ा बट्टा मुक्ति-चिन्तन करता है और विज्ञापन द्वारा ऐसी आनन्दकारी स्थितियाँ उत्पन्न कर देता है कि मात्र 50 पैसे में आप चाहें तो उस चिन्तन से स्वयं को जोड़ सकते हैं। विज्ञापन पढ़कर ऐसी बौद्धिक फुरहरी आती है जो 000 साबुन से ही आ सकती है। बड़ा बट्टा हो तो क्या कहने !

ऐसे ही सद्‌विचारों से अलंकृत एक विज्ञापन मैंने गत सप्ताह पढ़ा था :

'मानव जो सपना देखता है, सुन्दरता उसका प्रतीक है। सुन्दरता मानव का स्वाभाविक गुण है। सुन्दरता कल्याण का पर्याय है, सुन्दरता मानव के सत्य का रूप है। मानव का समस्त विकास, उसकी समस्त

उपलब्धि—इनका आधार है मानव का सपना। इसी सपने को लक्ष्य रूप में रख मानव आगे बढ़ता है।

‘ 000 सोप वर्क्स भी एक सपना लिए अग्रसर हुआ और 000 के बड़े बट्टे (मूल्य 50 पैसे) के रूप में यह सपना सत्य सिद्ध हुआ। सुन्दरता का यह प्रतीक ही सत्य, कल्याणकारी, सस्ता एवं नगर की हर दूकान पर उपलब्ध है।

‘नियमित उपयोग कर मानव-कल्याण में योग दें।’

और अब मुझे लगता है कि मानव-कल्याण में किसी भी प्रकार का योग देना अन्ततः 000 सोप वर्क्स के 000 के बड़े बट्टे की बिक्री में योग देना है। जो भी श्रेष्ठ विचारा जाएगा, लिखा जाएगा, राजनीतिक, आर्थिक या सामाजिक क्षेत्र में जो भी महत्त्वपूर्ण कदम उठेगा, वह 000 के बड़े बट्टे की बिक्री में सहायक सिद्ध होगा। हर क्रान्ति चाहे वह वैचारिक हो या विचारहीन, 000 साबुन की बिक्री बढ़ाएगी। इस देश में अब कुछ नहीं होगा, सिवाय उस बड़े बट्टे की बिक्री के। मैं तो डर गया हूँ। मैं तो मन में कोई अच्छा विचार लाने से डर गया हूँ। अगर कोई बात उठती भी है तो प्रकट नहीं करता। पिछले दिनों जो सवाल उठते रहे हैं मैं उन सारे सन्दर्भों में (यदि कोई मुझसे पूछता है) एक ही उत्तर देता हूँ कि आप 000 साबुन का उपयोग करें। बल्कि अब कोई सवाल खड़ा करना व्यर्थ हो गया है। उससे बेहतर है हम उसका हल तलाश करें। हल एक ही है—‘ 000 साबुन का बड़ा बट्टा मूल्य 50 पैसे।’

एक भूतपूर्व मंत्री से मुलाकात

मंत्री थे तब उनके दरवाजे कार बँधी रहती थी। आजकल क्वार्टर में रहते हैं और दरवाजे भैंस बँधी रहती है। मैं जब उनके यहाँ पहुँचा, वे अपने लड़के को दूध दुहना सिखा रहे थे और अफसोस कर रहे थे कि कैसी नई पीढ़ी आ गई है, जिसे भैंसें दुहना भी नहीं आता।

मुझे देखा तो बोले—"जले पर नमक छिड़कने आए हो !"

"नमक इतना सस्ता नहीं है कि नष्ट किया जाए। कांग्रेस राज में नमक भी सस्ता नहीं रहा।"

"कांग्रेस को क्यों दोष देते हो ! हमने तो नमक-आन्दोलन चलाया।"—फिर बड़बड़ाने लगे, "जो आता है कांग्रेस को दोष देता है। आप भी क्या विरोधी दल के हैं ?"

"आजकल तो कांग्रेस ही विरोधी दल है।"

वे चुप रहे। फिर बोले, "कांग्रेस विरोधी दल हो ही नहीं सकती। वह तो राज करेगी। अंग्रेज हमें राज सौंप गए हैं। बीस साल से चला

रहे हैं और सारे गुर जानते हैं। विरोधियों को क्या आता है, फाइलें भी तो नहीं जमा सकते ठीक से। हम थे तो अफसरों को डाँट लगाते थे, जैसा चाहते थे करवा लेते थे। हिम्मत से काम लेते थे। रिश्तेदारों को नौकरियाँ दिलवाईं और अपनेवालों को ठेके दिलवाए। अफसरों की एक नहीं चलने दी। करके दिखाए विरोधी दल ! एक जमाना था, अफसर खुद रिश्वत लेते थे और खा जाते थे। हमने सवाल खड़ा किया कि हमारा क्या होगा, पार्टी का क्या होगा ? हमने अफसरों को रिश्वत लेने से रोका और खुद ली। कांग्रेस को चन्दा दिलवाया, हमारी बराबरी ये क्या करेंगे ?''

''पर आपकी नीतियाँ गलत थीं और इसलिए जनता आपके खिलाफ हो गई !''

''कांग्रेस से यह शिकायत कर ही नहीं सकते आप। हमने जो भी नीतियाँ बनाईं उनके खिलाफ काम किया है। फिर किस बात की शिकायत ? जो उस नीति को पसन्द करते थे, वे हमारे समर्थक थे, और जो उस नीति के खिलाफ थे वे भी हमारे समर्थक थे, क्योंकि हम उस नीति पर चलते ही नहीं थे।''

मैं निरुत्तर हो गया।

''आपको उम्मीद है कि कांग्रेस फिर इस राज्य में विजयी होगी ?''

''क्यों नहीं ? उम्मीद पर तो हर पार्टी कायम है। जब विरोधी दल असफल होंगे और बेकार साबित होंगे, जब दो गलत और असफल दलों में से ही चुनाव करना होगा, तो कांग्रेस क्या बुरी ? बस तब हम फिर 'पावर' में आ जाएँगे। ये विरोधी दल उसी रास्ते पर जा रहे हैं जिस पर हम चले थे और इनका निश्चित पतन होगा।''

''जैसे आपका हुआ।''

''बिलकुल।''

''जब से मंत्री पद छोड़ा आपके क्या हाल हैं ?''

''उसी तरह मस्त हैं, जैसे पहले थे। हम पर कोई फर्क नहीं पड़ा।

हमने पहले से ही सिलसिला जमा लिया था। मकान, जमीन, बँगला सब कर लिया। किराया आता है। लड़के को भैंस दुहना आ जाए, तो डेरी खोलेंगे और दूध बेचेंगे। राजनीति में भी रहेंगे और बिजनेस भी करेंगे। हम तो नेहरू-गांधी के चेले हैं। नेहरूजी की तरह ठाठ से भी रह सकते हैं और गांधीजी की तरह झोंपड़ी में भी रह सकते हैं। खैर, झोंपड़ी का तो सवाल ही नहीं उठता। देश के भविष्य की सोचते थे, तो क्या अपने भविष्य की नहीं सोचते ! छोटे भाई को ट्रक दिलवा दिया था। ट्रक का नाम रखा है देश-सेवक। परिवहन की समस्या हल करेगा। कृषि-मंत्री था, तब जो खुद का फार्म बनाया था, अब अच्छी फसल देता है। जब तक मंत्री रहा, एक मिनट खाली नहीं बैठा, परिश्रम किया, इसी कारण आज सुखी और सन्तुष्ट हूँ। हम तो कर्म में विश्वास करते हैं। धन्धा कभी नहीं छोड़ा, मंत्री थे तब भी किया।''

''आप अगला चुनाव लड़ेंगे ?''

''क्यों नहीं लड़ेंगे। हमेशा लड़ते हैं, अब भी लड़ेंगे। कांग्रेस टिकट नहीं देगी तो स्वतन्त्र लड़ेंगे।''

''पर यह तो कांग्रेस के खिलाफ होगा।''

''हम कांग्रेस के हैं और कांग्रेस हमारी है। कांग्रेस ने हमें मंत्री बनने को कहा तो बने। सेवा की है। हमें टिकट देना पड़ेगा। नहीं देंगे तो इसका मतलब है कांग्रेस हमें अपना नहीं मानती। न माने। पहले प्रेम, अहिंसा से काम लेंगे, नहीं चला तो असहयोग आन्दोलन चलाएँगे। दूसरी पार्टी से खड़े हो जाएँगे।''

''जब आप मंत्री थे, जाति-रिश्तेवालों को बड़ा फायदा पहुँचाया आपने।''

''उसका भी भैया इतिहास है। जब हम कांग्रेस में आए और हमारे बारे में उड़ गई कि हम हरिजनों के साथ उठते-बैठते और थाली में खाना खाते हैं, जातिवालों ने हमें अलग कर दिया और हमसे सम्बन्ध नहीं रखे। हम भी जातिवाद के खिलाफ रहे और जब मंत्री बने, तो शुरू-शुरू में हमने जातिवाद को कसकर गालियाँ दीं। दरअसल हमने

अपने पहलेवाले मंत्रिमंडल को जातिवाद के नाम से उखाड़ा था। सो शुरू में तो हम जातिवाद के खिलाफ रहे। पर बाद में जब जातिवालों को अपनी गलती पता लगी तो वे हमारे बँगले के चक्कर काटने लगे। जाति की सभा हुई और हमको मानपत्र दिया गया और हमको जाति-कुलभूषण की उपाधि दी। हमने सोचा कि चलो सुबह का भूला शाम को घर आया। जब जाति के लोग हमसे प्रेम करते हैं, तो कुछ हमारा भी फर्ज हो जाता है। हम भी जाति के लड़कों को नौकरियाँ दिलवाने, तबादले रुकवाने, लोन दिलवाने में मदद करते और इस तरह जाति की उन्नति और विकास में योग देते। आज हमारी जाति के लोग बड़े-बड़े पदों पर बैठे हैं और हमारे आभारी हैं कि हमने उन्हें देश की सेवा का अवसर दिया। मैंने लड़कों से कह दिया कि एम.ए. कर-करके आओ चाहे थर्ड डिवीजन में सही, सबको लैक्चरर बनवा दूँगा। अपनी जाति बुद्धिमान व्यक्तियों की जाति होनी चाहिए। और भैया अपने चुनाव-क्षेत्र में जाति के घर सबसे ज्यादा हैं। सब सॉलिड वोट हैं। सो उसका ध्यान रखना पड़ता है। यों दुनिया जानती है, हम जातिवाद के खिलाफ हैं। जब तक हम रहे हमेशा मंत्रिमंडल में राजपूत और हरिजनों की संख्या नहीं बढ़ने दी। हम जातिवाद से संघर्ष करते रहे और इसी कारण अपनी जाति की हमेशा मेजॉरिटी रही।

लड़का भैंस दुह चुका था और अन्दर जा रहा था। भूतपूर्व मंत्री महोदय ने उसके हाथ से दूध की बाल्टी ले ली।

"अभी दो किलो दूध और होगा जनाब। पूरी दुही नहीं है तुमने। लाओ हम दुहें।"—फिर मेरी ओर देखकर बोले, "एक तरफ तो देश के बच्चों को दूध नहीं मिल रहा, दूसरी ओर भैंसें पूरी दुही नहीं जा रहीं। और जब तक आप अपने स्रोतों का पूरी तरह दोहन नहीं करते, देश का विकास असम्भव है।"

वे अपने स्रोत का दोहन करने लगे। लड़का अन्दर जाकर रिकार्ड बजाने लगा और 'चा चा चा' का संगीत इस आदर्शवादी वातावरण में गूँजने लगा। मैंने नमस्कार किया और चला आया।

ख्यालीरामजी का दल बदलना

मारनेवाले के हाथ रोके जा सकते हैं पर बोलनेवाले की जबान नहीं रोकी जाती। जो समझदार हैं, ज्ञान-विज्ञान से अवगत हैं, बात की तह तक पहुँच सकते हैं और न्याय कर सकते हैं। पिछले दिनों श्री ख्यालीरामजी ने कांग्रेस छोड़ दी और संयुक्त विधायक दल में आकर मंत्री बन गए तो बड़ी टीका-टिप्पणी हुई। कहनेवालों ने बुरा-भला कहा पर मेरे ख्याल से बात ठीक से विचारी नहीं गई है। जो साइंस पढ़े हैं, हर प्रकार के भेद और भ्रम जानते-समझते हैं और आइन्स्टीन की 'थियरी आफ रिलेटिविटी' को समझने में थोड़ी माथा-पच्ची कर चुके हैं, कह सकते हैं कि कांग्रेस छोड़कर ख्यालीरामजी ने कोई गलत काम नहीं किया। पूर्वाग्रहों से हटकर ज़रा बुद्धि, वैज्ञानिक दृष्टि से विचारिए तो थियरी ऑफ रिलेटिविटी के अनुसार दल बदलना कितनी सामान्य और सहज बात है।

एक समय कहा जाता था कि पृथ्वी सतवंती नार की तरह एक

जगह चुपचाप खड़ी रहे और सूरज पापी आवारा है जो उसके चारों ओर चक्कर काटकर उसकी मोटी कमर को दिन-रात घूरे। बाद में नए ज्ञानी-ध्यानी आए तो फरमाने लगे कि यह गलत है, सूरज ठहरा शरीफ आदमी, एक जगह टिककर खड़ा रहा करे और यह पृथ्वी ही दिन-रात की मुसीबत जो सूरज के चारों ओर गोल-गोल घूम के नाचे है।

बाद में आए पंडित आइन्स्टीन और उन्होंने बताया कि दोनों वक्तव्य सही भी हैं और गलत भी। पृथ्वी के चारों ओर सूरज नाचे या सूरज के चारों बाजू पृथ्वी घूमे, एक ही बात है, कोई अन्तर नहीं। सब ग्रह अपनी मजबूरी के मारे घूमते हैं, कोई किसी पर एहसान नहीं करता। सारा खोट और छलछलावा देखनेवालों की नजर में है।

अमृतसर स्टेशन से रेल चली दिल्ली की ओर तो प्लेटफार्म पर खड़े एक सज्जन बोले कि रेल जाती है और उसी घड़ी, उसी क्षण दिल्ली के प्लेटफार्म पर उसी रेल के इन्तजार में बैठा एक और व्यक्ति बोला कि रेल आती है। सो इसमें भेद की कोई बात नहीं। एक के लिए रेल जाती है और दूसरे के लिए आती है। टाइम-स्पेस का फेर है कि दोनों व्यक्ति अलग-अलग स्टेशनों पर खड़े अलग-अलग बोल रहे हैं।

सारा मामला रिलेटिविटी और स्पेस-टाइम का है। ख्यालीरामजी ने कांग्रेस छोड़ी और संविद में गए और तभी मगनलालजी ने संविद छोड़ी और कांग्रेस में आ गए तो इन दोनों बातों में कोई भेद नहीं। एक ही मतलब है।

आइन्स्टीन के अनुसार हर शक्तिशाली वस्तु खुद मौका देखकर मंजिल तय करती है और पूरी वेलोसिटी से उस दिशा में दौड़ती है। ख्यालीरामजी की मंजिल थी मंत्री बनना और उसकी असली राह वही थी जो मंजिल पर जल्दी पहुँचाए। वह संविद में आ गए और मंत्री बन गए। जिन्होंने आइन्स्टीन नहीं पढ़ा, वे गलत-सलत टीकाएँ भले करें पर जो ज्ञानी हैं वे ख्यालीरामजी की इस हरकत को स्वाभाविक ही मानेंगे।

एक होती है एनर्जी अर्थात् ऊर्जा, कार्यशक्ति। ख्यालीरामजी की नजर से कहें तो उनकी मन्त्रि-पद पाने की क्षमता, तिकड़म करने का

उनका सामर्थ्य। आइन्स्टीन के अनुसार यह ऊर्जा निश्चित होती है। उसका फार्मूला था ऊर्जा बराबर वस्तु का भार और गति का वर्ग। ख्यालीरामजी की ऊर्जा बराबर है—उनके राजनीतिक व्यक्तित्व का वजन, प्रभाव और उनकी गति अर्थात् जिस चाल से वह राज्य की राजनीति पर छा जाते हैं, नीतियाँ बदलते हैं, गुट बनाते हैं, समझौते करते हैं। यह सब उनकी वेलोसिटी अर्थात् गति है। व्यक्तित्व का असर और तिकड़म की गति ही ख्यालीरामजी की ऊर्जा है। इस तथ्य से वे भी परिचित हैं जो आइन्स्टीन का फार्मूला नहीं जानते।

लोग कहते हैं कि ख्यालीरामजी कांग्रेस में रहते तो उनकी इज्जत रहती। 'मास' यानी भार, व्यक्तित्व का वजन बढ़ता पर वेलोसिटी अर्थात् गति में कमी आ जाती। वह दस साल भी मंत्री नहीं हो पाते। ख्यालीरामजी ने आइन्स्टीन का फार्मूला अपनाया। भारत में कमी आने दी, प्रभाव गिरा पर अपनी गति बढ़ा ली। गति इतनी भी नहीं बढ़ाई कि 'भारशून्य' हो जाते, पर कुछ अवश्य बढ़ाई।

सीढ़ी-दर-सीढ़ी चढ़कर वह बरसों में मंत्री बनते, उसके बजाय वह अवसरवाद के 'लिफ्ट' में बैठे और मंत्री बन गए। ऊर्जा स्थिर रहती है। हमारे श्री ख्यालीरामजी की तिकड़म-क्षमता की भी सीमा है। जितना जोर कांग्रेस में रहकर मंत्री बनने में लगाते, उतना जोर अब मन्त्रीपद बचाने में लगाएँगे। वेलोसिटी गिराएँगे और व्यक्तित्व वजनदार बनाएँगे। आइन्स्टीन का फार्मूला हमेशा काम देगा।

ख्यालीरामजी राजनीति समझते हैं। राजनीति में भी एक 'क्वान्टम थियरी' काम करती है। आज की राजनीति में हर 'एक्शन' अर्थात् क्रिया कालगति और ऊर्जा का परिणाम होती है। एक यूनिट 'एनर्जी' से एक यूनिट 'एक्शन' निस्सरित होता है। ख्यालीरामजी इस नियम के अपवाद नहीं। वह भी उसी सिद्धान्त को मानते हैं जो इस ब्रह्मांड के सभी ग्रहों एवं पदार्थों पर लागू है। यानी जिसे कहते हैं, 'प्रिंसिपल ऑफ लीस्ट एक्शन'—कम-से-कम क्रिया का सिद्धान्त। जब एक वस्तु एक अवस्था से दूसरी अवस्था में प्रवेश करती है, वह ऐसी

राह अपनाती है जिसमें क्रिया सबसे कम हो अर्थात् एनर्जी कम खर्च हो और परिणाम अधिक निकले। जातिवाद, रिश्वत, भाई-भतीजावाद के मूल में यही थियरी है। कम-से-कम एक्शन से अधिकाधिक परिणाम प्राप्त करने का प्रयत्न स्वाभाविक है।

ख्यालीरामजी ने साधारण विधायक की स्थिति से मन्त्रिपद तक पहुँचने में सही 'लीस्ट एक्शन' का परम सिद्धान्त अपनाया अर्थात् बस दल बदला और मंत्री हो गए। क्वान्टम थियरी के रहस्य को समझा और जीवन में अपनाया। विज्ञान से मानव को अनेक लाभ हुए हैं। ख्यालीरामजी ने भी विज्ञान से लाभ उठाया तो क्या आश्चर्य ! लोग कहते हैं कि ख्यालीरामजी ने अनुशासन भंग किया। यह गलत है। आइन्स्टीन कहता है कि इस ब्रह्मांड में जितनी गतिविधियाँ हैं, वे सब किसी के द्वारा निर्देशित अथवा प्रेरित नहीं हैं। सब अपने-अपने रास्ते चलते हैं। ख्यालीरामजी ने वही किया जो इन्हें ठीक लगा। सभी ग्रह ऐसा करते हैं। हर ग्रह सबसे सरल रास्ता चलता है और ख्यालीरामजी भी वैसी ही राह चले। आइन्स्टीन के सिद्धान्त ने कई पुरानी मान्यताओं को कसकर लात मारी है। कांग्रेस के दिमाग में अनुशासन के मामले में कुछ पुरानी बातें भरी हैं। ख्यालीरामजी ने उन्हें नहीं माना।

मेरे ख्याल से गलती कांग्रेस की है। उन्होंने ख्यालीरामजी को मात्र अणु समझा और इस भ्रम में रहे कि वह टूट नहीं सकता। वे समझते थे कि ख्यालीरामजी अकेले बेवजन और शक्तिहीन हैं। आइन्स्टीन ने बताया कि अगर अणु इकट्ठे हुए तो वे हद-से-हद एक पत्थर हो सकेंगे। बस किसी का सिर फोड़ने से अधिक कुछ नहीं कर सकते। अकेला अणु ऊर्जा का पुंज होता है। उसमें बड़ी शक्ति होती है। ख्यालीरामजी की राजनीतिक निष्ठा के न्यूट्रोन के आस-पास महत्त्वाकांक्षाओं के कितने इलेक्ट्रोन चक्कर काटते हैं, पार्टी नहीं जानती थी। पर ख्यालीरामजी विधायक अपने अन्तर की इस बनावट से परिचित थे। अपने अणु व्यक्तित्व के उन्होंने वे चमत्कार दिखाए, कि सब दंग रह गए।

एक सज्जन कह रहे थे कि ख्यालीरामजी प्रदेश की राजनीति के मुख्य बिन्दु नहीं रहेंगे और दूसरों के हाथ की कठपुतली बन जाएँगे। मैं पूछता हूँ कि आप बिन्दु समझते हैं ? पहले आइन्स्टीन पढ़िए, फिर बात करिए। एक शान्त तालाब में एक कंकड़ फेंको तो गोल-गोल लहरें बनती हैं। जिस बिन्दु पर कंकड़ फेंका गया है, वह केन्द्र होता है और उसके चारों ओर वृत्त बनते हैं। अब इसी क्षण उसी तालाब के अन्य भाग में एक और कंकड़ फेंको तो वहाँ भी उसी तरह गोल लहरें बनेंगी, वृत्त बनेंगे और जहाँ दूसरा कंकड़ गिरा, वह स्थान भी केन्द्र होगा। एक और बराबरी का मुख्य-बिन्दु।

आइन्स्टीन ने यह भ्रम दूर कर दिया है कि केन्द्र एक ही हो सकता है। तालाब में दोनों ही केन्द्र हैं और ऐसे अनेक केन्द्र हो सकते हैं, एक साथ। पृथ्वी को ही केन्द्र समझना गलत था, सूर्य को ही समझना गलत था और साथ ही दोनों को केन्द्र समझना सही भी था। इस ब्रह्मांड में सभी बिन्दु केन्द्र-बिन्दु हैं। आज राजनीति में भी सभी बिन्दु केन्द्र-बिन्दु हैं।

ख्यालीराम जहाँ हैं, जैसे हैं, वह केन्द्र रहेंगे। उनके आस-पास, छोटी हो या बड़ी, लहरें उठेंगी। उनका नाम होगा, उनके इर्द-गिर्द प्रचार और यश के वृत्त बनेंगे। दल बदलने से कुछ नहीं होता। उन्होंने जो किया सो ठीक किया।

प्रकाश की गति सबसे तेज होती है। आवाज की गति उसके सामने केंचुआ है। आइन्स्टीन ने सबसे पहले इस मूल बात को पकड़ा और अपने निर्णय निकाले। ख्यालीरामजी ने भी इस तथ्य को समझा और अपने निर्णय लिए। प्रकाश की गति आवाज की गति से तेज होती है। उन्होंने कहा कि चमको ख्यालीरामजी ! बस, चमको तो तुम्हारी गति तीव्र होगी !!! आवाज लगानेवाले, आलोचनाएँ करनेवाले, शोर मचानेवाले तुम्हारा कुछ नहीं बिगाड़ सकते। वे तुम तक नहीं पहुँच सकते क्योंकि तुम प्रकाश में हो, तुमसे रोशनी की किरणें निकल रही हैं। प्रकाश की गति आवाज की गति से तेज होती है ख्यालीरामजी !!!

उन्होंने दल बदल दिया और एकाएक उनके नाम की चकाचौंध से प्रदेश का राजनीतिक आकाश आलोकित हो उठा। शोर मचानेवाले मचाकर रह गए पर ख्यालीरामजी मंत्री हो ही गए। आइन्स्टीन काम आया। उनकी महत्त्वाकांक्षा वाला यह चौथा आयाम प्रकट हुआ।

शर्म तुमको मगर आती है

उनके चमचे ने मुझे धीरे-से बताया कि वे इस समय शर्मिन्दा हैं, अगर कोई जरूरी काम हो तो ही आप मिलें। बात यह है कि जब वे शर्मिन्दा रहते हैं तब डिस्टर्ब होना पसन्द नहीं करते।

"किस बात पर शर्मिन्दा हैं ?" मैंने पूछा।

"पता नहीं आज किस बात पर हैं। कल तो छात्रों की अनुशासनहीनता पर थे।"

"मैं मिलना चाहूँगा। मैं लेखक हूँ और मुझसे ऐसे वक्त चर्चा करना शायद वे पसन्द करें।"

"जरूर मिलिए। जब वे शर्मिन्दा होते हैं, अक्सर कवियों को याद करते हैं। तीन-चार दिन हुए एक कवि आया था। जब तक रहा, लज्जा से गड़ा रहा।"

मैं मंत्री महोदय के कक्ष में घुस गया। वे सामने खादी के सोफे पर खादी के कपड़े पहने पैर समेटे बैठे थे। उनकी गर्दन और हाथ

लटके हुए थे। मुझे वे समूचे ही लटके हुए लगे। मैंने उन्हें नमस्कार किया। कोई उत्तर नहीं मिला। उन्होंने मुझसे बैठने को नहीं कहा, मगर मैं बैठ गया।

एक लम्बी सरकारी किस्म की चुप्पी के बाद उन्होंने नजरें उठाईं और मुझे घूरने लगे। वे मेरी तरफ ऐसे देख रहे थे, जैसे मैं उनके समीप पड़ा एक शव हूँ। काफी देर तक मृत बैठा उनकी घूरती नजरों को झेलना जब असम्भव हो गया, तो मैंने करुण रस में सनी कमरे की चुप्पी तोड़ी और बोला, "सुना, आप शर्मिन्दा हैं ?"

"हूँ।" वे बोले।

"शर्मिन्दा हों आपके दुश्मन, आप क्यों शर्मिन्दा हों।" मैंने कहा।

"नहीं, मैं शर्मिन्दा हूँ।"

"आप किस बात पर शर्मिन्दा हैं ?" मैंने पूछा।

वे चौंके। वे कुछ देर याद करते रहे कि वे किस बात पर शर्मिन्दा हैं, मगर याद नहीं कर पाए। वे शायद पिछले एक-दो घंटों में लगातार शर्म से इतने गहरे डूब गए थे कि अपने शर्मिन्दा होने की वजह ही भूल गए थे। मगर मंत्री हैं, इस तरह भूल जाएँ तो देश का काम कैसे चले। उन्होंने डायरी निकाली और उसके पन्ने पलटने लगे।

"आज कौन-सी तारीख है ?" उन्होंने पूछा।

"नौ।"

"अक्तूबर चल रहा है ना। हाँ, अक्तूबर ही तो ! अभी तो गांधीजी का सब कुछ हुआ।" और डायरी देखकर बोले, "आज मैं औरंगाबाद पर शर्मिन्दा हूँ।" फिर हैरानी से कहा, "आजकल याददाश्त बहुत कमजोर हो रही है।"

"काम भी तो बहुत रहता है।"

"हाँ, बहुत काम रहता है, मगर फिर भी वक्त निकालकर घंटा-दो घंटा शर्मिन्दा रह ही लेता हूँ।"

"आप अहमदाबाद पर शर्मिन्दा हुए या नहीं ?"

"अरे, अहमदाबाद पर तो दो-तीन दिन रहा। पिछले दिनों तो

कुछ ऐसा हुआ कि जब शर्मिन्दा होने को कुछ नहीं मिला, तो अहमदाबाद पर हो लिया। मगर सवाल यह है कि एक ही विषय पर कब तक शर्मिन्दा रहें। बोर हो जाता हूँ।''

''सही बात है !''

''क्या किया जा सकता है। हमारा देश इतना विशाल है, समस्याएँ इतनी अधिक हैं और हालत ऐसी हो गई है। कई बार तो दिन में दो-तीन मामले ऐसे हो जाते हैं कि नेताओं का काम बढ़ जाता है और उन्हें लम्बे वक्त तक शर्म से झुके रहना पड़ता है।''

''मगर मैं कहता हूँ कि आप अपने विभाग की शर्म झेलिए। आप दूसरे मंत्री के विभागों की बातों पर क्यों शर्मिंदा होते हैं ? केबिनेट में सबको अलग-अलग विभाग बँटे हुए हैं।''

''ठीक कह रहे हो।''

''जैसे रबांत सम्मेलन में हमें भाग लेने नहीं दिया गया। यह शर्म की बात हुई। मगर साहब इसके लिए विदेश विभाग के मंत्री लज्जित हों, आप काहे अपना कीमती वक्त खराब करेंगे ?''

''कह तुम ठीक रहे हो, मगर भाई हम आल इंडिया लीडर हैं—हमसे कुछ अपेक्षाएँ की जाती हैं, हमारे कुछ फर्ज हैं। सिर्फ अपने विभाग तक हम सीमित तो नहीं रह सकते।''

''इस तरह तो आप अपना स्वास्थ्य खराब कर लेंगे।''

''देश के लिए जीवन दे दिया है, तुम स्वास्थ्य की बात कर रहे हो !''

''मैं आपसे सहमत नहीं। आपके पास दो-तीन विभाग हैं, आप वरिष्ठ नेता हैं। आपकी शर्मिन्दगी की एक सीमा है, एक स्तर है। आप हर किसी मामले में शर्मिन्दा नहीं हो सकते। जैसे आपके पास कृषि-विभाग है और देश में पैदावार कम हो रही है। विदेशों से अनाज मँगाना पड़ रहा है। आपको सिर्फ इस बात पर शर्मिन्दा होना चाहिए।''

''पहले तो तुम यह सुधार कर लो कि मेरे पास कृषि-विभाग नहीं

है। जब था, तब भी मैं इस बात पर शर्मिन्दा नहीं था कि हमें बाहर से अनाज मँगाना पड़ता है। यह नीति का प्रश्न है, इसमें शर्म कैसी !" वे गरजकर बोले।

उन्हें क्रोधित देख मैं नरम पड़ा। मगर मैंने सूत्र नहीं तोड़ा। मैंने कहा, "श्रीमान, जहाँ तक मुझे ख्याल आता है, मैंने अनेक बड़े नेताओं को भाषणों में यह वक्तव्य देते सुना है कि यह हमारे लिए शर्म की बात है कि देश को बाहर से अनाज मँगाना पड़ रहा है।"

वे जोर से खिलखिलाकर हँस पड़े।

"देखो भाई, ऐसा है कि शर्म-शर्म में भी फर्क होता है। कुछ बातों को लेकर नेता लोग जनता को शर्मिन्दा करने की कोशिश करते हैं, जैसे अनाज ज्यादा पैदा न करने की बात, अधिक पैदा करने की बात। कुछ जनता की बातों पर हम नेता लोग शर्म से सिर झुकाते हैं और कई बातें ऐसी हैं जिस पर जनता और नेता सभी शर्मिन्दा रहते हैं।"

"जैसे ?" मैंने पूछा।

"जैसे पूज्य बापू के बताए मार्ग पर देश का न चल पाना। इसे लेकर जनता हमें कहती है कि शर्म आनी चाहिए। हम जनता को कहते हैं कि तुम्हें शर्म आनी चाहिए। गरज यह है कि दोनों शर्मिंदा हैं। इस प्रकार सारा देश ही शर्मिन्दा है। आखिर देश है क्या–जनता और नेता से मिलकर ही तो देश बना है !"

"क्या बात है। आप बहुत बड़ी बात कह गए। वाह ! देश है क्या, नेता और जनता से मिलकर ही तो देश बना है। वाह !"

"और जनता भी क्या।" वे बोले, "असल में तो नेता ही देश है। जब नेता शर्मिन्दा होता है तो अपने आप सारे देश का माथा शर्म से झुक जाता है।"

"मगर एक निवेदन है।"

"कहिए।"

"प्रतिदिन के बजांय आप सप्ताह में एक दिन शर्म का निश्चित कर दीजिए। उस दिन आप पूरे समय राष्ट्रीय, प्रान्तीय, स्थानीय और

पार्टी के आपसी मामलों को लेकर जितना शर्मिन्दा होना हो, हो लिया कीजिए। क्या ख्याल है ! यह रोज-रोज का सिर-दर्द !"

"पहले मैं यही करता था। सिर्फ रविवार को शर्मिन्दा होता था। उस दिन मिलने-जुलनेवाले काफी आते हैं। मैं बातें भी करता रहता था और बात-बात पर अफसोस भी जाहिर करता रहता था। लोग प्रभावित होते थे। वे कहते थे कि आप सचमुच अखिल भारतीय स्तर के लीडर हैं, क्योंकि आप सारे देश के सभी मामलों और घटनाओं पर अफसोस करते हैं, सारा दिन शर्म से झुके रहते हैं।"

"इसमें क्या शक है !"

"दूसरे नेता टुच्चे हैं, बेशर्म हैं।" वे क्रोध में बोले—"मैं जितना हर बात पर शर्मिन्दा होता हूँ, उसके वे एक-चौथाई भी नहीं होते।"

"उनकी आपसे क्या बराबरी। आप तो शर्म में डूब मरते हैं, जब कि वे चिंता भी नहीं करते। निहायत शर्म की बात है।"

"तुम मानते हो !"

"मानता हूँ।" मैंने जोर देकर कहा।

"तुम्हारा कोई काम हो तो बताना, हम कर देंगे।" वे बोले।

"फ़िलहाल कोई काम नहीं। मगर आप यह बताइए कि आपने सप्ताह में एक दिन शर्माना बन्द क्यों कर दिया ?"

वे गम्भीर हो गए। उन्होंने छत की ओर देखा, गरदन सहलाई और धीरे से कहा—"देखो, हमारा देश प्रगति कर रहा है। प्रगति करने के साथ समस्याएँ बढ़ रही हैं। अब वह समय नहीं रहा जब नेता मजे से सिर्फ सप्ताह में एक बार शर्म खाता था और बाकी दिन आराम से पड़ा रहता था। अब स्थितियाँ बदल रही हैं। जनता हमसे उम्मीद करती है कि हम ज्यादा-से-ज्यादा शर्म करें और हमें करनी पड़ रही है।"

"मगर कब तक, आखिर कब तक ? कब तक आप देश की हालत पर शर्मिन्दा होते रहेंगे ? कुछ कीजिए, निर्णय लीजिए, कदम

उठाइए साहब। मुझे तो आपके स्वास्थ्य की चिन्ता हो रही है। कहीं आपको दिल का दौरा न पड़ जाए।''

''इस शरीर ने जीवन-भर दौरा किया है। सारा देश-विदेश घूमा है। एक दौरा दिल का भी सही।'' वे बोले और सिर लटकाकर बैठ गए।

''नहीं-नहीं, मैं यह नहीं होने दूँगा। आप कुछ कीजिए। पार्टी को एक कीजिए, समस्याओं के हल निकालिए, कड़े कदम उठाइए, कुछ कीजिए !''

''मैं शर्मिन्दा हूँ।''

''सिर्फ इससे काम नहीं चलेगा, कुछ कीजिए।''

''मैं शर्मिन्दा हूँ, और क्या करूँ !'' वे झल्लाकर बोले—''मैं शर्मिन्दा हूँ कि पार्टी में एकता नहीं, समस्याएँ हल नहीं हो रहीं, हम कड़े कदम नहीं उठा रहे, हम कुछ कर नहीं रहे, इसलिए मैं शर्मिन्दा हूँ, और क्या चाहते हो !''

वे यह सब बहुत चिल्लाकर बोले थे। उनकी आवाज सुन उनका वही चमचा, जो मुझे दरवाजे पर मिला था, दौड़कर अन्दर आया और मुझे सोफे से खींचने लगा—''उठिए आप, निकलिए यहाँ से। आप एक नेता को डिस्टर्ब कर रहे हैं। यह उनके शर्मिन्दा होने का वक्त है। उन्हें शान्ति से शर्मिन्दा होने दीजिए।''

''आप कौन हैं ?''

''मैं मंत्रीजी का चमचा हूँ।''

''मैं डिस्टर्ब नहीं कर रहा।'' मैं नेता की तरफ घूमा—''आय एम सॉरी। मैं डिस्टर्ब नहीं करना चाहता। मैं शर्मिन्दा हूँ।''

''यह मुझे डिस्टर्ब नहीं कर रहे हैं, इन्हें बैठा रहने दो।''—उन्होंने चमचे से कहा। चमचा मेरी ओर क्रोध से घूरता चला गया।

कुछ देर चुप्पी रही। फिर वे बोले—''तुमको भी कभी शर्म आती है ?''

''आती है। कई मामलों में मेरा सिर शर्म से झुक जाता है। जैसे

हमारे निष्क्रिय नेताओं को देखकर, जिन्हें हमने चुना है।''

''तुम ठीक करते हो। यह हमारा राष्ट्रीय गुण है, धर्म है। हर भारतवासी को शर्मिन्दा होना चाहिए। अच्छी बात है।''

उन्होंने गर्दन लटका ली, सिमटे पैरों को और समेटा और धीरे-धीरे एक अच्छे नेता की तरह शर्म से सोफे में डूब गए।

कस्बे का सिनेमा-मैनेजर

जाने कैसे वह बेढब-सा मकान कस्बे के सभी लोगों को सिनेमा नजर आता है ! कोई वजह नहीं है कि वह सिनेमा-सा लगे, सब उसे सिनेमा कहते हैं, और वास्तव में वह सिनेमा है भी। वह मुम्फली का गोदाम नहीं है और न कोई सरकारी प्राथमिक शाला, जो कि उसे होना चाहिए। सिनेमा के बाहर किसी फिल्म का बोर्ड नहीं रखा रहता, क्योंकि हर सुबह सिनेमा के मालिक बड़े भैया उसे उठवाकर कस्बे के प्रमुख चौराहे पर रखवा देते हैं, जहाँ उसे शाम के पाँच बजे तक लोग देख सकते हैं। वे खुद भी उस पर नजर रख सकते हैं, क्योंकि सामने ही उनके भाई की आढ़त की दुकान है, जहाँ वे दिन-भर बैठे रहते हैं। जब बोर्ड उठाने के लिए कोई आदमी नहीं मिलता तो बड़े भैया खुद बोर्ड को उठाकर ले आते और चौराहे पर रख देते। शाम को वही बोर्ड सिनेमा के बाहर रख दिया जाता। दिन-भर वहाँ कोई बोर्ड नहीं रहता, क्योंकि आवारा लड़कों का ठिकाना नहीं, वे कब उस पर चिपका पोस्टर

निकालकर ले जाएँ ! निगरानी नहीं रखी जा सकती। सुबह सिनेमा के मालिक और मैनेजर छोटे भैया टाकीज पर आते और सफाई वगैरा करवाते। फिर वे शाम तक इधर नहीं आते। आपरेटर के कमरे की झाड़ू शाम को लगती, क्योंकि आपरेटर मोहन दादा का हुकुम था कि उनकी अनुपस्थिति में कोई मशीनरूम में नहीं घुसेगा।

सारा कस्बा सिनेमा मालिक को बड़े भैया के नाम से जानता है और इज्जत करता है। पक्का सिनेमा बँधवाकर उन्होंने कस्बे की शान बढ़ाई है। पड़ोस के कस्बे निसातपुर में जो टाकीज बना है, उसकी छत नहीं है और बरसात में लोगों को छाता खोलकर सिनेमा देखना पड़ता है। उसकी तुलना में उनके कस्बे का सिनेमा बारहमासा है, जिस पर टीन की छत लगी है और ईश्वर ने चाहा तो एक दिन कवेलू भी लग जाएँगे। इस जोरदार काम के लिए कस्बे के लोग बड़े भैया को मान देते हैं। आढ़त की दुकान के सामने से निकलनेवाला कोई व्यक्ति बड़े भैया को नमस्कार या राम-राम किए बगैर आगे नहीं बढ़ता। कस्बे के प्रतिष्ठित व्यक्ति सपरिवार सिनेमा जाने के पूर्व दोपहर को आकर बड़े भैया से व्यक्तिगत रूप से सलाह-चर्चा कर लेते हैं।

''तुम्हारी भौजी कह रही थी यह वाला खेल देखने को। बच्चे भी पीछे पड़ रहे हैं।''

''आ जाओ, खेल बुरा तो नहीं है। सपरिवार देखने लायक है।'' बड़े भैया कुछ विचारकर जवाब देते।

''यही सोच रहे हैंगे। फस्ट ही देख लें। फिर सेकंड में तो देर हो जाएगी।''

''हाँ, फस्ट ही देख लो। बच्चों का मामला ठहरा ! सो जाते हैंगे। उस दिन नहीं देखा ! गिरधारी बाबू और उनके घर से आई थीं सेकंड शो में। छूटने तक तीनों बच्चे सो गए। जगाओ तो जागें नहीं। तीनों बच्चों को उठाने की समस्या। वे दो जने। बड़े परेशान ! फिर हमने मोहन दादा से कहा कि तुम टाकीज बन्द कराव और चाबी अपने पास रखो। उनके बड़े लड़के ललित को हमने कंधे पर उठाया, मझले शोरी

को गिरधर बाबू ने उठाया और गुड़िया को भौजी ने लिया। तब घर पहुँचे। सो हमारी मानो तो फस्ट ही देख लो, फिर तुम्हारी मर्जी। हमें तो दोनों शो चलाने हैंगे !''

''यही ठीक है, फस्ट देख लें ! भीड़ तो नहीं है ज्यादा ?''

''तुम्हें क्या करना भीड़ से ? होय सुसरी भीड़ ! तुम्हारे लिए सीट मिल जाएगी।'' बड़े भैया का अपनत्व उमड़ आता।

''एक लाइन में करवा देना।''

''करवा देंगे, मगर ज़रा जल्दी आ जाना।''

''आ जाएँगे।''

वे इतमीनान से आगे बढ़ जाते।

पिक्चर खराब हो, हालाँकि ऐसा कम ही होता, तो बड़े भैया को बातें सुनने को मिलती हैं। प्लाट में कोई रहस्य की बात हो तो बड़े भैया से आकर समझ लेते। बड़े भैया सबको प्रेम से समझाते।

अपनी बहू और बेटी को साथ ले मन्दिर से लौटती कोई प्रौढ़ा स्त्री बड़े भैया को देख रुक जाती, ''काहे बड़े भैया, चोरों का खेल लगाया है इस बेर ! हम तो नहीं देखें।''

''ज्वेल थीफ !'' बड़े भैया हँसते। ''हाँ, चोरों का तो है, बुआ ! शरीफों का खेल अगली बार लगाएँगे। फिर आना देखने सबके साथ।''

बहू चार कदम आगे घूँघट डाले खड़ी रहती और बेटी वहीं मुँह खोले उनकी बातें सुनती।

''अगली बार भक्त प्रहलाद लगाएँगे, बुआ।''

''सच्ची !''

''तुम्हारी सौं।'' बड़े भैया कहते।

वे लोग प्रसन्न बातें करती आगे बढ़ जातीं।

इधर बड़े भैया के मित्र विशेशर आँखें मसलते दुकान के पटिए पर आकर बैठ जाते।

''बड़े भैया, कल ज्वेल थीफ देखने के बाद रात-भर नींद नहीं आई।''

"क्यों ?"

"मन में अनेक विचार उठते रहे। देखो कैसा जमाना आ गया है ! किसे अच्छा कहें, किसे बुरा, समझ नहीं आता। क्या दुनिया हो गई है !" विशेशर गम्भीरता से कहते।

"यह तो है ही !"

"बिचारा देवानन्द सोने-चाँदी की दुकान पर नौकरी करने आया था, कैसे झमेले में फँस गया ! वह तो कहो, बाप पुलिस अफसर था तो उसने इतनी दौड़-भाग कर, जान जोखम में डाल बेटे को बचा लिया, नहीं कौन पूछता हैगा इस जमाने में ?"

बड़े भैया स्वीकृति में गर्दन हिलाते।

"कल रात हम बड़ी देर यही विचार करते रहे कि देखो ईश्वर जो करता है, ठीक करता है। जो सत-ईमान पर रहेगा, उसकी विजय अवश्य होगी अन्त में। यों सब किस्मत के फेर हैं ! न देवानन्द को छोकरी मिलती, न वह फँसता और न पापी का भांडा फूटता ! शुरू में तो कसम से कहें, बड़े भैया, हम तो यही समझे थे कि देवानन्द ही डबल रोल कर रहा हैगा। और हो न हो, यही ज्वेल थीफ है, मगर जब असल बात पता लगी तो हमने सिर ठोंक लिया। तेरी जै रे तेरी, अशोक कुमार निकला ! कैसा जमाना आ गया है ! नेकी बद लगती है, बद नेकी लगता है।"

"तुम क्या, खुद हम यही समझे थे ! सिनेमा चलाते बरसों है गए, मगर शुरू दिन हम भी यही समझे थे कि देवानन्द ज्वेल थीफ है।" बड़े भैया बोले।

"आप तो शुरू में ही देखकर मुद्दे की बात समझ लेते हैंगे।"

"नहीं देखेंगे क्या ! कैसी फिलम है ? पब्लिक को पसन्द है या नहीं ? सब देखना पड़ता है।"

"ज्वेल थीफ तो हर इन्सान को देखना चाहिए। जो नहीं देखे, उस जैसा बेवकूफ दुनिया में नहीं हैगा, मैं तो यही मानता हूँ।" विशेशर जोर देकर कहता।

तभी शहर से आनेवाली साढ़े बारह की मोटर सामने सड़क से गुजरती और कंडक्टर चिल्लाकर कहता, ''बड़े भैया, पेटी आ गई।''

''पेटी आ गई ?'' बड़े भैया खुशी से उछलकर चप्पलें ढूँढ़ने लगते।

''नई पेटी आ गई ?'' विशेशर पूछते।

''आ गई, प्यारे, आ गई।''

''काहे की है ?''

''राम और श्याम की आई होगी। चलो, देखते हैं !'' वे दुकान से कूद मोटर के पीछे दौड़ते। उनके पीछे विशेशर।

सामने सतनारायण पानवाला चिल्लाकर पूछता, ''पेटी आ गई क्या ?''

''आ गई। राम और श्याम।'' विशेशर बड़े भैया की ओर से जवाब देते।

''आय हाय, आय हाय।'' रामभरोसे होटल का कड़ाही माँजनेवाला छोकरा ठुमकने लगता, ''नई पेटी आ गई, नई पेटी आ गई।''

आगे-आगे बड़े भैया, पीछे-पीछे विशेशर। बस स्टैंड पर मोटर रुकती है। पेटी हिफाजत से उतारनी होगी।

थोड़ी देर में सारे कस्बे में बात फैल जाती–'पेटी आ गई, राम और श्याम लगेगा।'

मगर अफवाहों का विश्वास कौन करे ! चलकर खुद बड़े भैया से न पूछ लें ! लोग जब चौराहे पर पान खाने आते, आढ़त की दुकान पर रुक बड़े भैया से पूछ लेते, ''क्यों बड़े भैया ! सुना, राम और श्याम लगा रहे हैं ?''

''कल से।''

''पेटी आ गई ?''

''आ गई।''

''कहाँ है ?''

"अन्दर धरवा दी, ठंडक में।"

"मजाक तो नहीं कर रहे ?"

"तुम्हारी सौं !"

उन्हें इतमीनान हो जाता है। तभी दूसरे आ जाते–"काय भैया, राम और साम की पेटी आ गई ?"

पीले और गेरुए रंग में पुता हुआ कस्बे का सिनेमाघर, जिसकी पिछली दीवार पर लड़कों ने सभी प्रसिद्ध अभिनेता और अभिनेत्रियों के मध्य अश्लील सम्बन्धों की स्थापना कर रखी है, कस्बे की जान है। शाम को पाँच बजे चौराहे के नल से पानी ला सिनेमा के सामने छिड़काव हो जाता। टिकटघरवाले मेहता बाबू समय पर आकर बैठ जाते हैं। आप सुबह के वक्त प्रायवेट छात्रों के लिए इन्टर-मैट्रिक की कोचिंग क्लास चलाते हैं। गेटकीपर के सम्माननीय पदों पर बड़ी-बड़ी जुल्फोंवाले कस्बे के हीरो हैं, जो बम्बई न जा सके, अन्यथा वाकई में किसी कव्वालियोंवाली फिल्म के हीरो होते। हाल के तीन गेट हैं, जो पिक्चर चलने पर इसलिए खुले रखे जाते हैं कि पब्लिक को हवा मिलती रहे। हॉल में पंखे नहीं हैं। जैसे-तैसे अन्दर घुस मुफ्त में देखनेवाले लौंडों का दल सिनेमा के आस-पास मँडराया करता, जिन्हें गेटकीपर गालियाँ देकर भगाते रहते हैं या कई बार बड़े भैया खुद छड़ी लेकर दौड़ते हैं। आठ बजे जब अँधेरा हो जाता, फिल्म चालू कर दी जाती। प्रोजेक्टर एक ही होने के कारण इंटरवल चार करने पड़ते हैं। मोहनबाबू गुनी आदमी हैं। मशीन का काम इतमीनान से करते हैं। ग्यारह, साढ़े ग्यारह और कई बार बारह तक फर्स्ट शो चलता है। फिर सेकंड शो शुरू होता, जो रात के ढाई-तीन तक खिंचता। पुरानी कटी-पिटी फिल्में, जो सभी जगह चल चुकने के बाद कस्बे में आतीं, बार-बार चलते में टूट जातीं, इससे इंटरवलों की संख्या और बढ़ जाती। हाल में बैठने के लिए सभी किस्म की कुर्सियाँ हैं। लम्बी बेंचें, टीन की कुर्सियाँ, फोल्डिंग चेयर्स, स्टूल, टूटी स्प्रिंग के सोफे और मोढ़े भी। सभी लाइन से लगा दिए गए हैं, लोग अपनी पसन्द की कुर्सी छाँटकर बैठ सकते हैं। खटमल सबमें

हैं। थर्ड क्लासवालों के लिए दरियाँ और चटाइयाँ बिछी हुई हैं, जहाँ देखनेवाला इतमीनान से फैलकर बैठ सकता है। औरतों के बैठने का अलग इन्तजाम है, जिसकी व्यवस्था तुलसीबाई के हाथ में है। यह खुर्राट औरत लड़ने-झगड़नेवालियों का झोंटा पकड़ बाहर कर देती है और लेडीज क्लास में शान्ति रखती है।

अक्सर ही आस-पास के गाँव के लोग बैलगाड़ियों में बैठ सिनेमा देखने आ जाते। सिनेमा के बाहर खुदे मैदान में बैलगाड़ियाँ खोल दी जातीं। दोनों शो तबीयत से देखने के बाद वे लोग बाहर खुले में सो जाते। कस्बे के हाट के दिन ऐसी भीड़ बढ़ जाती।

सिनेमा के बाहर रोज शाम ऐसा वातावरण बन जाता, जैसे बड़े भैया की लड़की का ब्याह हो। लोग आते, टिकट खरीदते, मगर बड़े भैया से मिले बगैर सिनेमा में नहीं जाते। एक्साइज के अफसर, बिजलीघर के बाबू, पुलिसवाले, जिला केन्द्र से दौरे पर आए अधिकारी आदि सभी की बड़े भैया चाय-पान से खातिर करते और सिनेमा में मुफ्त सीट देते।

उस रोज एक्साइज़वाले सिंग साहब एक जागीरदार के साथ आए, जो उनके मेहमान थे। पहले बड़े भैया के पास खबर आ गई थी कि दो सीटें खाली रखना और इन्टरवल में शरबत वगैरा का इन्तजाम कर देना। जागीरदार साहब अपने लड़के के लिए सिंग साहब की लड़की देखने आए थे और मेहमान थे। खातिर में कोई कमी नहीं होनी थी। बड़े भैया मौके की नजाकत को समझ गए। उन्होंने हॉल में जागीरदार साहब और सिंग साहब के बैठने के लिए सोफा खाली रखवाया और इन्टरवलों में शरबत और पान भिजवाए। फिल्म में जागीरदार साहब को डान्स पसन्द आ गया।

"यार, यह रंडी तो खूब नाची ! इसका सीन फिर से दिखवाओ।" जागीरदार साहब ने कहा।

सिंग साहब ने बड़े भैया को बुलाकर कहा, "डान्स का सीन फिर से दिखवाओ।"

मशीन रोकी गई। मोहन दादा ने फिल्म को उलटी लपेट डान्स का सीन फिर से दिखवाया। जागीरदार साहब की तबीयत नहीं मानी, "और दिखवाओ।"

मशीन फिर रोकी गई। फिर वही सीन दुहराया गया।

जागीरदार ने तीसरी बार भी माँग की, पर इस बार बड़े भैया हाथ जोड़ जागीरदार साहब के सामने झुक गए, "महाराज, आप कला के सच्चे पारखी ठहरे ! आपका मन नहीं मानेगा। मगर हुजूर, बारह बज गए हैं और मुझे अभी सेकण्ड शो भी करना है।"

जागीरदार साहब ने प्रार्थना सुनी और आगे की फिल्म देखने लगे। सौभाग्य से आगे कोई डान्स नहीं था।

सिनेमा की सफलता के मूल में है बड़े भैया का नम्र, कोमल और मिलनसार व्यक्तित्व, अन्यथा कस्बे के लोग ऐसे टिरी मिज़ाज हैं कि पुजारी से नाराज हो जाएँ तो उसके मन्दिर में भगवान के दर्शन करने भी नहीं जाएँ। वे कस्बे की जनता को बरसों से फिल्म दिखा रहे हैं। एक मिशन है। वे निष्ठा से अपने काम में लगे हुए हैं। कस्बा उनका दर्शक परिवार है, जिसमें उनका व्यक्तित्व घुल-मिल गया है।

कल रात गर्मी ज्यादा थी। राजकपूर-वैजयन्तीमाला की जोड़ीवाली किसी फिल्म को समाप्त कर, टाकीज़ की लाइटें बुझा, ताले डाल कैश नगदी और चाबी का गुच्छा जेब में डाल घर जाने के पहले बड़े भैया ने सिनेमा की ओर देखा (वे अपने सिनेमाघर की ओर ऐसे देखते हैं, जैसे शाहजहाँ अपने ताज़महल की ओर देखता था) और बोले, "विशेशर भाई, एक बार कहीं से रुपया उधार करूँ और हॉल में पंखे लगवा दूँ। बड़ा दिल करता हैगा !"

विशेशर बाबू सिनेमा देखने के बाद सदैव के अनुसार गम्भीर विचारों में डूबे हुए थे। बोले, "होगा, बड़े भैया, एक दिन यह भी होगा। ईश्वर पर भरोसा रखो। वह सब देखता हैगा। जिसने तुम्हारे हाथों से पब्लिक के लिए इतना बड़ा सिनेमा खड़ा करवा दिया, वह पंखे भी लगवाएगा। मालिक मददगार हैगा। वह सबका मददगार हैगा।"

"यह तो है ही।" घर की ओर धीरे-धीरे चलते बड़े भैया ने कहा।

"आदमी पुन कर ले और तबीयत का नेक हो तो ईश्वर उसका मंशा पूरा करता हैगा। राजकपूर बिचारे पर क्या-क्या तकलीफ नहीं आई ? कैसी-कैसी बिपदा नहीं झेली बापड़े ने ! मगर दिल का ईमानदार और धुन का पक्का था, सो वैजयन्तीमाला को हासिल करके रहा। ऐसा ही है, भैया विश्वास रखो, ऊपरवाले पर भरोसा रखो, पंखे भी लग जाएँगे।"

"यह तो है ही।"

चौराहे पर दोनों के रास्ते अलग-अलग होते हैं। वहीं एक क्षण ठिठककर विशेशर से पूछा, "बड़े भैया, एक बात बताओ।"

"क्या ?"

"शादी के बाद अब वैजयन्तीमाला के बाप की प्रापर्टी तो राजकपूर को ही मिलेगी, क्योंकि लड़की के कोई भाई तो है नहीं !"

"और नहीं तो क्या ?"

"वाह रे ईश्वर, क्या तेरी माया है !" विशेशर ने लम्बी साँस ली।

एक बंगला फिल्म

लड़कियाँ और विशेष रूप से सुन्दर लड़कियाँ बी.ए. करें, यह पुरानी और घर-घर की समस्या है। इस समस्या पर एक फिल्म भी तानकर खड़ी की जा सकती है, इसका हमें अनुमान न था। मगर बंगालियों की बात ही अलग। क्या कहने !

उस सिनेमा हाल में, जाने क्यों, हम अनफिट लग रहे थे। फिल्म की विशेषता थी कि वह बंगला में थी और हमारी विशेषता थी कि हम बंगला नहीं जानते। रहा कलाप्रेमी होने का सवाल तो कलाप्रेमी कोई मोर का पंख नहीं, जिसे सिर में खोंस लिया जाये। चारों ओर चटर्जी, मुखर्जी और भट्टाचार्य किस्म के लोग बैठे थे, धोती, कुर्ता पहने। और उनके सामने बैठे मैं और नरेन्द्र दोनों गँवार लग रहे थे। हमें बंगला नहीं आती। जब तक हाल में अँधेरा नहीं हुआ यही हालत बनी रही। हम चुपचाप सिर झुकाए बैठे रहे। अँधेरा हुआ, तो हमारा गँवारपन विलीन हो गया और एक बंगला फिल्म पूरी गरिमा के साथ दिखाई जाने लगी।

वह बंगला लेखक की बंगला कहानी पर बनी बंगली फिल्म थी, जिसे बंगाल के एक प्रोड्यूसर ने बंगाली अभिनेता और अभिनेत्रियों की मदद से बंगाल में ही बनाई थी। कहानी बंगाल के एक छोटे-से कस्बे में रहनेवाले बंगाली परिवार की थी। यानी उसमें सबकुछ बंगाली था। नरेन्द्र जो थोड़ा-बहुत संगीत समझता है, बता रहा था कि पृष्ठभूमि में जो संगीत बज रहा है, वह भी बंगाली है। इतने सबके बावजूद हमने पूरी कोशिश की कि चित्र को समझा जाए।

और हम बड़ी जल्दी समझ गए कि फिल्म सामान्य प्रेमकथा नहीं है। हीरोइन (आह, क्या भरी-पूरी हीरोइन थी !) इण्टर कर चुकी है और उसके बी.ए. करने की समस्या है। पूरा ताना-बाना इस छोटी-सी समस्या को लेकर बुना गया था। हीरो भी इसी समस्या से ग्रस्त था। हीरोइन से पहली मुलाकात में ही पूछा, "तोमार बीए होये गे छे ?"

हीरोइन ने इस प्रश्न पर कुछ उड़ता-उड़ता सा जवाब दिया, "आमार बीए कोरबार दोरकार नेईं।"

हम समझ गए कि लड़की इण्टर कर चुकी है, मगर फिलहाल बी.ए. करने के मूड में नहीं है, मगर हीरो चाहता था कि हीरोइन बी.ए. कर ले। वह जब मिलता, हीरोइन से एक ही प्रश्न घुमा-फिराकर करता, "बीए, कोरबे ना कोरबे ?"

हीरो शायद उसी वर्ष बी.ए. में बैठ रहा था और चाहता था कि हीरोइन भी साथ ही बी.ए. कर ले, परीक्षा में बैठ जाए। झरने के पासवाले सीन में, जिसमें काफी सारे बादल दिखाए गए थे और बड़ा सुरीला बेकग्राउण्ड म्यूज़िक बज रहा था, उसने उस भरी-पूरी हीरोइन का हाथ अपने हाथ में लेकर कहा था, "आमार शोंगे बीए कोरबे ?"

हीरोइन लजा गई। हमें लगा, वह वास्तव में पढ़ना चाहती है, मगर चाहकर भी आगे पढ़ नहीं पा रही है।

पिक्चर में एक अदद विलेन भी था, जो जमींदार किस्म का शख्स

था और हाथ में डण्डा रखता था। वह भी चाहता था कि हीरोइन ग्रेजुएट हो जाए। जब हीरोइन अपने घर पर जल प्रदाय की शाश्वत समस्या का हल खोजने कमर में घड़ा दाब झरने की तरफ जाती, विलेन पगडण्डी काट खड़ा हो जाता और कहता, ''शुंदोरी ! आमी तोमार शोंगे बीए कोरबोई कोरबो !''

हमें आश्चर्य हुआ कि यह मुछन्दर विलेन बी.ए. करने से अभी तक सिर्फ इसीलिए रुका हुआ है, क्योंकि यह हीरोइन शुंदोरी के साथ बी.ए. करना चाहता है ! इसी नजारे के आसपास इण्टरवल हो गया और हम समोसों की दिशा में लपके।

हमें समझ नहीं आ रहा था कि कम्बख्त हीरोइन बी.ए क्यों नहीं कर लेती ? इतने समय में तो वह बी.ए. छोड़ एम.ए. कर सकती थी। और अगर वह बी.ए. नहीं करना चाहती तो न करे। इसमें खुद इतना परेशान होने या पब्लिक को बोर करने की क्या बात है ? और वह हीरो सिर्फ इतनी-सी बात के लिए उस हीरोइन के पीछे क्यों लगा रहता है ! दुनिया में और भी गम हैं बी.ए. करने के सिवा।

''यार, मुझे तो इस हीरोइन के इण्टरमीडिएट होने में भी शक है।'' नरेन्द्र बोला, ''जिस तरह यह लड़की दिन-भर पानी भरती रहती है, कपड़े सुखाती रहती है, खाली बैठी रहती है, मैं नहीं समझता इसने कालेज की शकल भी देखी है।''

''तुम समझते नहीं, नरेन्द्र, बंगाल की परिस्थितियाँ हमारे मध्यप्रदेश से बिलकुल भिन्न हैं। वहाँ पिछले वर्षों शिक्षा का तेजी से विकास हुआ है, गाँव-गाँव में कालेज खुल गए हैं और युवकों तथा युवतियों पर चारों तरफ से यह प्रेशर आ रहा है कि वे बी.ए., एम.ए. करें। युवक-युवती यह निर्णय नहीं ले पा रहे हैं कि वे बी.ए. करें या न करें। चारों तरफ बेकारी और असन्तोष है। बंगाल की आज जो हालत है, हम अच्छी तरह जानते हैं। फिल्म इसी पृष्ठभूमि पर तैयार की गई है कि आज किसी युवती के लिए बी.ए. करना जरूरी है या नहीं ? बंगाल की दृष्टि से यह एक गम्भीर समस्या है।'' मैंने नरेन्द्र को

समझाया।

इण्टरवल समाप्त हो चुका था। हम हाल के अन्दर घुस गए और उसी गम्भीरता से आगे देखने लगे।

समझ नहीं आ रहा था कि हीरोइन यूनिवर्सिटी डिग्री लेने के मामले में गम्भीर है अथवा नहीं। वह हीरो के सामने मान लेती कि वह बी.ए. कर लेगी, जो जरूरी भी है, मगर जब विलेन उससे कहता तो वह साफ इनकार कर देती। एक बार तो उसने विलेन को कसकर डाँट दिया, "जेटा आमी भावी, शेटा आमी कोरबो।" अर्थात मुझे जैसा जँचेगा वैसा करूँगी। विलेन बिचक गया और उसने अपने निश्चित 'देख लूँगा, जाती कहाँ है' वाले अन्दाज में गरदन हिलाता, डण्डा घुमाता पगडण्डी से चला गया।

एक दृश्य में विलेन ने गाँव के कतिपय स्नेही मित्र टाइप के गुण्डों को एकत्र किया और शराब पिलाकर यह शैक्षणिक समस्या सामने रखी थी कि हीरोइन बी.ए. करने को तैयार नहीं, बोलो क्या करें। गुण्डों को आश्चर्य हुआ कि विलेन के इतने आग्रह के बावजूद वह लड़की बी.ए. करने से इनकार करती है। उन्होंने शराब पी और प्रश्न की गम्भीरता को समझा। बाद में उन्होंने लपलपाते छुरे और फरसे चमकाकर यह कसम खाई कि उनके होते यह सम्भव नहीं होगा कि हीरोइन बी.ए. न करे। उन्होंने विलेन को वचन दिया और पैर पटकते चले गए।

एक और दृश्य में हीरोइन की सहेली ने हीरोइन को इसी विषय में समझाते हुए कहा कि तुम बी.ए. क्यों नहीं कर लेतीं।

हीरोइन ने कुछ कहा जिसका अर्थ शायद था कि 'ठीक है, मैं कर लूँगी !'

मेरे खयाल से इसके बाद फिल्म समाप्त हो जानी चाहिए थी। आखिरी सीन में लड़की को बी.ए. कक्षा में बैठा दिखाकर 'दि एण्ड' किया जा सकता था, मगर ऐसा नहीं हुआ। विलेन के स्नेही मित्रों ने हीरो को डण्डों से पीटा। जवाब में हीरो ने भी हाथ दिखाए। शैक्षणिक

प्रश्न का अन्ततः इस स्तर पर निपटारा होगा, इसकी उम्मीद नहीं थी। हीरोइन ने हीरो की बाँह पर पट्टी बाँधी और कड़े शब्दों में अपने बाप से बी.ए. करने का ऐलान करते हुए कहा, ''आमा के बीए कोरते केऊ थामाते पारबे ना।''

और सच भी है। इस स्वतन्त्र भारत में यदि कोई बी.ए. का अध्ययन करना चाहे तो उसे कौन थाम सकता है ? चित्र के अन्त में हीरो हीरोइन का हाथ पकड़ पब्लिक और कैमरेमैन की तरफ पीठ किए एक ओर चला गया। शायद कालेज उसी ओर रहा होगा।

बाहर आकर नरेन्द्र ने कहा, ''मेरे खयाल से मूलतः यह फिल्म दो प्राइवेट कालेजों की लड़ाई पर बनी है। एक कालेज से हीरो सम्बद्ध है और दूसरे से विलेन। प्रतियोगिता इस बात की है कि वह सुन्दरी कहाँ से बी.ए. करेगी। वह विलेन के कालेज से बी.ए करना नहीं चाहती, क्योंकि वहाँ गुंडागर्दी ज्यादा है, इसलिए वह अस्वीकार कर देती है। हीरो का विद्यापीठ शायद बेहतर है।''

''बंगालवाले भी कमाल कर रहे हैं। कितनी नई थीम उठाकर फिल्में बना रहे हैं।'' मैंने कहा।

पान की दुकान पर भट्टाचार्य बाबू मिल गए। ''क्यों जोशी साहब, इधर कैसा आया ?''

''फिल्म देखने आया था, दादा, बंगाली फिल्म।''

''अरे तुमको बंगाली समझता ?''

''समझता तो नहीं, दादा, फिर भी हमने सोचा, अच्छा फिल्म है, देखना चाहिए।''

''अच्छा है, अच्छा है।''

''एंड समझ नहीं आया, दादा !''

''क्या नहीं समझा ?''

''हीरोइन ने ग्रेजुएशन कर लिया कि नहीं, दादा ?''

''कैसा ग्रेजुएशन ?'' भट्टाचार्य आश्चर्य से बोले।

''हीरोइन कहती थी ना कि मैं बी.ए. करूँगी, मुझे कोई रोक नहीं

सकता।''

भट्टाचार्य 'हो-हो' कर जोर से हँसे और बोले, ''खूब समझा तुम लोग। अरे, बीए मतलब बेचलर ऑफ आर्ट्स नहीं। बीए यानी ब्याह, शादी, मैरेज।''–और वे फिर जोर-जोर से हँसने लगे।

जीप और जीपवाले

राजधानी नगरों की शोभा है—सरकारी जीपें। जैसे जंगल नामक स्थान पर हिरन नामक प्राणी कुलाँचें भरते रहते हैं, वैसे ही मन्त्रियों और अफसरों के शहर में जीपें दौड़ती रहती हैं। इनकी विशेषता है कि ये जंगलों में घूमती रहनेवाली आदिवासी स्त्रियों की तरह किसी भी मोड़, ढाल और ऊँचाई से आती-जाती दिखाई देती हैं। इसमें कुछ खास किस्म के ड्राइवर तथा कुछ खास किस्म के अफसर बैठे रहते हैं। उन्हें देख लगता है कि ये फरिश्ते इस संसार में जीप लेकर जन्मे हैं और जब इस दुनिया से जाएँगे, सिर्फ एक जीप इनके पास होगी, शेष अपना सब-कुछ यहीं छोड़ जाएँगे। ये लोग अपनी जीपों में बैठे हुए मुझे सभी जगहों पर नजर आते हैं। कभी जीप से उतरते हुए, कभी जीप में चढ़ते हुए। और तब मेरा हृदय इनके प्रति श्रद्धा से भर जाता है। कार पर चढ़ने-उतरनेवालों से ये लोग कितने भिन्न, कितने अपने हैं। जैसे हममें से ही कोई उठा हो और सदैव के लिए किसी सरकारी जीप में समा

गया हो। बल्कि उसकी जीवन-कथा तो संक्षेप में यों कही जाएगी कि वह माँ के पेट से निकला और जीप पर चढ़ गया। जैसे पुराण महाभारत में एक वीर बालक की जन्म-कथा यों कही जाती है कि वह जन्मते ही कूदकर रथ पर चढ़ गया और उसे पृथ्वी पर दौड़ाते हुए चारों दिशा में हुंकार करने लगा। आज जीप में बैठे घूम रहे ये वीर उसी महावीर की सन्तानें हैं। चारों दिशा में दौड़ रहे हैं। यहाँ से वहाँ, वहाँ से और कहीं। निरुद्देश्य, मौज करते हुए, तीव्र गति से। कितने सुन्दर लगते हैं ना। छोटी-छोटी आँखें, भारी पेट लिए, हँसते, ठहाके लगाते, दूसरों की बुराइयाँ करते, पेंडिंग फाइलों, तबादलों, न मिलनेवाले सेंक्शंस आदि रसमय विषयों पर बतियाते, पान चबाते, राह में रोड़ा बने रहनेवाले पैदल नगरवासियों पर दयाभरी नजरें फेंकते चले जाते हैं। उतरते भी हैं तो फिर चढ़ने के लिए। मगर चढ़ते हैं तो उतरने के लिए नहीं। लगता है, जीप माध्यम नहीं, लक्ष्य है। एक चलता-फिरता वरदान, पहियों पर घूमती जिन्दगी की एक बड़ी मंजिल जो प्राप्त हो गई। जीपें किसी राह पर नहीं जातीं, मगर राहें, जिन्दगी की राहें, अन्त में किसी जीप तक पहुँचती हैं। मनुष्य चलता है ठोकरें खाता, लड़खड़ाता, थकता, रुकता और आगे बढ़ता। और एक दिन वह जीप तक पहुँच जाता है। अपनी बाईं टाँग ऊपर उठा वह बैठ जाता है और उसे सदैव के लिए सारे संकटों से मुक्ति मिल जाती है। राही को मंज़िल मिल जाती है और मंज़िल को काम चलाने के लिए एक राही। यह दीप अकेला, स्नेहभरा, मदमाता वगैरा जाने क्या, मगर इसको भी जीप में डाल दो। छुट्टी हुई।

जीप जा रही है। कोई पूछे, 'तुम कहाँ जा रही हो, ओ जीप ?' इसका कुछ भी उत्तर हो सकता है, जैसे कि हम सचिवालय जा रहे हैं, या हम चेकिंग करने और रिश्वत का डोल जमाने जा रहे हैं, हम मंत्रीजी के स्वागत के लिए भीड़ जुड़ाने की कोशिश करने जा रहे हैं, हम किसानों के बीज-वितरण के लिए जा रहे हैं, भाभी को लेने बड़े भाई साहब के ससुराल जा रहे हैं, हम कलाली जा रहे हैं, हम निर्माण-कार्य

की प्रगति देखने जा रहे हैं, हम बॉस की बड़ी बेबी के मार्क्स बढ़वाने के लिए प्रोफेसरों से मिलने जा रहे हैं, हम सत्यनारायण की कथा सुनने जा रहे हैं। हम समाजवाद लाने जा रहे हैं, हम सिनेमा जा रहे हैं। कुछ भी उत्तर हो सकता है। या हो सकता है कोई उत्तर न हो। बस कि हम जा रहे हैं। जा रहे हैं, क्योंकि यह जीप है। वह ले जाती है, हम जाते हैं। हम उसकी सेवा में हैं। वह जाती है। हम जाते हैं। हम क्या हैं ? हमें कुछ नहीं पता, सिर्फ जीप जानती है, वह हमें कहाँ ले जाएगी। यह जनम-जनम के फेरे हैं। हम तेरे हैं।

पूरा विश्वास है, समाजवाद एक दिन जीप में बैठकर आएगा। हमारा शहर राजधानी का शहर है, अतः झख मारकर उसे सबसे पहले यहाँ आना होगा। तब गवर्नर साहब बदलती हुई राजनैतिक परिस्थितियों को ध्यान में रखकर शायद उसके लिए इम्पाला भिजवाएँगे। ताँगा यूनियन चलानेवाले समाजवादी शायद उसके लिए एक सजा हुआ ताँगा लेकर पहुँचें। मगर समाजवाद दोनों से इनकार कर देगा। वह कहेगा कि मुझे गाँवों में जाना है, मुझे दफ्तरों और बंगलों में जाकर कुछ जरूरी चर्चाएँ करनी हैं। मुझे जीप चाहिए। समाजवाद को जीप मिल जाएगी और वह इस राजधानी नगर में चक्कर लगाने लगेगा। उस वीर बालक की तरह, जो जन्मा और रथ पर चढ़ गया। वह बहुत तेजी से इस शहर में चक्कर लगाएगा। देर रात सेकेण्ड शो के बाद दूर बने किसी सिनेमा-घर से लौटनेवाली जीप की तेजी से वह गुजरेगा और सड़क चलनेवाले भागकर एक ओर हो जाएँगे। वे आश्चर्य और प्रसन्नता से कहेंगे कि यह समाजवाद की जीप है। उनमें से कुछ कहेंगे कि नहीं, यह केवल जीप है, कुछ कहेंगे, यह समाजवाद है। धीरे-धीरे इस राजधानी नगर में समाजवाद एक जीप की शक्ल अख्तियार कर लेगा। एक और जीप। आदमियों के जंगल में कुलाँचें भरता एक और इरादों का हिरन। अपनी सुगन्ध में मग्न एक कस्तूरी मृग। समाजवाद। उद्देश्यों से महकता हुआ। वह महक धीरे-धीरे पेट्रोल के धुएँ की गन्ध में बदल जाएगी। वह जीप, वह समाजवाद गाँवों में

भी जाएगा। ऊबड़-खाबड़ रास्तों पर वह किसी विकास अधिकारी की जीप-सा झोंपड़ियों के करीब से गुजर जाएगा। हार्न बजाता, गन्दे धूल में खेलते नंगे बच्चों को एक ओर हटाता। लोग हर्ष से कहेंगे कि समाजवाद है। उनमें से कुछ कहेंगे, नहीं, यह एक जीप है। उसे अन्ततः एक जीप होना है।

उस दिन मैंने जीप में दो बहुत सुन्दर बच्चियों को बैठे देखा, वे दोनों बहुत मीठी अंग्रेजी में बातें कर रही थीं। जीप सरकारी थी जैसी कि होती है। उनके पिता खादी के सूट का नाप देने टेलर के यहाँ आए थे। फिर उन्हें इन बच्चियों को छोड़ने कान्वेण्ट स्कूल तक जाना था। मेरे परिचित हैं। मुझे उन्होंने मेरे एक व्यंग्य पर बधाई दी जो मैंने शिक्षा के मामले पर लिखा था। कहने लगे, "क्या बात है, मैं आपसे पूरी तरह सहमत हूँ। समझ नहीं आता, नई जेनरेशन का क्या होगा ? हम तो पढ़-लिख, मेहनत कर आई.ए.एस. हो गए, पर क्या हमारे बच्चे हों पाएँगे ? हमें शक है।" वे बौद्धिक चर्चा के लिए बंगले पर आने का निमन्त्रण दे चले गए। उनकी जीप गुर्राई और आगे बढ़ गई। वे छोटी बच्चियाँ मुझे टा-टा करती रहीं। जीप में बैठी वे बहुत सुन्दर लग रही थीं।

वे बारीपुर के डाकबंगले जीप लेकर गए। रात के ग्यारह बजे वे वहाँ पहुँचे। लड़कियाँ उठाने में देर लग गई। उनके साथ खाना और पीने की व्यवस्था। मूड अच्छे थे, चाँद था, और चौकीदार ने इन्तजाम करने में देर नहीं लगाई। जीप को उन्होंने डाकबंगले के दाहिनी ओर घुमाकर नीम के नीचे खड़ा कर दिया। रातभर जीप पर नीम की सूखी पत्तियाँ गिरती रहीं। सिलेटी रंग पर वे पीली पत्तियाँ बहुत सुन्दर लग रही थीं। सुबह छह बजे मैंने उन लोगों को पेट्रोल पम्प पर देखा। नमस्कार वगैरा हुआ। जीप के पीछे की ओर दो लड़कियाँ, जिनके बाल लगभग आँखों पर आ गए थे, शाल में लिपटी-ठिठुरती हुई बैठी थीं। उस व्यक्ति ने मुझे मेरे एक सद्यःप्रकाशित व्यंग्य पर बधाई दी, जो मैंने सड़कों की दुर्दशा पर लिखा था। अभी भी एक-दो नीम की सूखी

पत्तियाँ जीप पर यहाँ-वहाँ अटकी रह गई थीं। उसने कहा कि सड़कों की हालत जैसा मैंने लिखा उससे भी ज्यादा खराब है। यह तो शहर है, पर गाँव की सड़कों में गहरे गड्ढे हैं जिनकी बरसों से दुरुस्ती नहीं हुई। मैंने देखा, उन लड़कियों की आँखों में नींद है, मगर वे जाने किस बात पर मुस्कुरा रही हैं, वह कह रहा था कि सड़कों की हालत खराब है। वे लोग जीप में बैठ चले गए मेरी ओर मुस्कुराते। सड़कों की हालत खराब है। मनुष्य के चरित्र की तरह। मगर इससे जीप को क्या होता है, वे भी तो हर तरह की सड़क पर चली जाती हैं। फोरव्हील ड्राइव का यही तो लाभ है। मुझे लगा, मैं सड़क के गड्ढे में बैठा व्यंग्य लिखता रहूँगा और जीप मेरे सिर पर से निकल जाएगी।

विकास आयुक्त या सचिव की लड़की का ब्याह था। वे लोग स्टेशन पर बारात की अगवानी करने आए थे। तीन कारें और ग्यारह जीपें। सरकारी आयोजन का समाँ बँध गया। मुझे अच्छा लगा। गर्म सूट में बदन ढँके वे लोग रेल की प्रतीक्षा में खड़े थे। वहाँ मेरे कुछ परिचित थे। कुछ नए परिचित हुए। वे लोग भी व्यंग्य पर बात करने लगे। कहने लगे, "जोशीजी, आपने रेल लेट आने पर व्यंग्य लिखा या नहीं ?"

"मेरे पुरखे लिख चुके," मैंने कहा।

वे हँसने लगे। रेल आने पर जीपों में बारातियों को लाद चल दिए।

कई जगह, लगभग सभी जगह मुझे जीप खड़ी नजर आ जाती है। ये निरन्तर बन रही हैं और निरन्तर चली आ रही हैं। ऐसा लगता है सरकार विकास की रकम दो भागों में बाँट देती है। आधी रकम से जीपें खरीदती है, आधी रकम से जीपों के लिए पेट्रोल। जीप आधार है। जो कुछ होगा जीप पर होगा। दिल्ली से आए पत्रकारों को प्रोजेक्ट दिखाना हो, कुँवर साहब की फेमिली सिनेमा जा रही हो, फायनेन्स से जरूरी कागज निकालना हो या चमचागिरी करने सुबह बंगले पहुँचना हो, जीप होना चाहिए। जीप कर्म का मूल है। जो जीपधर्मी हैं, वे ही

कर्मठ हैं। जीप में बैठना ही जीवन है, राष्ट्र की सेवा है, मानव की सेवा वगैरह।

मुझे भय है किसी दिन यों न हो कि मैं भी लिखना छोड़ जीप में समा जाऊँ और अपनी जमीन भूल किसी दिशा में आकांक्षाओं का एक्सीलेटर दाब दूँ। हो सकता है, सरकार किसी दिन व्यंग्य की महत्ता स्वीकार कर ले और बोले कि थोड़ा रुपया व्यंग्य के लिए सैंक्शन कर दो। जैसे कुछ सरकारी विभागों ने अपने यहाँ कार्टूनिस्ट नौकर रखे हैं। हो सकता है, वे व्यंग्य को भी योजना में डाल दें। तब हर व्यंग्यकार को एक-एक जीप मिल जाएगी। खूब घूमो और व्यंग्य करो। क्योंकि, लगता है, होना कुछ ऐसा ही है। संगीत हो, परिवार नियोजन, शिक्षा, समाजवाद, भावनात्मक एकीकरण, कला, कच्चा लोहा, छोटे उद्योग, सत्य, फलों का उत्पादन, नैतिकता, नागरिकता, जूतों के उद्योग का विकास, बाढ़ से रक्षा, विज्ञान, सुरक्षा, जनसम्पर्क, आदिवासी जीवन का अध्ययन या कुछ भी—सबके लिए अन्ततः एक जीप दे दी गई और वे निश्चिन्त हो गए। अगर हमने बहुत व्यंग्य लिखे और सभी बातें उजागर होने लगीं, तो वे इसे नार्मल मान लेंगे और एक जीप हमें सौंप देंगे। लो बेटा, घुमाओ। घुमाएँगे। जदि तोर डाक शुने केऊ ना आशे तबे जीपे चालो रे !

इन्तजार एक भीड़ का

उस दिन उस बिलकुल खाली हाल के सामने एक सोफे पर हम दोनों बैठे थे—एक नेता और मैं। आस-पास कोई नहीं था। कुछ देर पहले कुछ लड़के वहाँ शोर मचा रहे थे पर बाद में वे भी कहीं भाग गए थे। वे सिर्फ तीन-चार थे। अगर हम उन्हें शान्ति से बैठा देते तो भी सभा तो नहीं हो सकती थी। वह नेता और मैं सोफे से टिके हुए बैठे थे। भाषण देने को बेचैन पर दोनों चुप थे। हमारे कंठ में भाषण, अच्छे-खासे लम्बे भाषण, रुके हुए वक्त का इन्तजार कर रहे थे।

वक्त हो चुका था। नेता ठीक समय से आया था। उसकी यह विशेषता है कि उसे जो समय दो, उस पर आ जाता है। उसे अपनी इस अभारतीय आदत पर बड़ा गर्व था कि वह और नेताओं की तरह देर से नहीं आता। वह आज भी ठीक समय से आया था। उसके साथ एक व्यक्ति और था जो अभी कहीं बीड़ी पीने निकल गया था। मैं इस नेता से पहले आया था। वक्त से काफी पहले आ जाना कोई

सम्मानजनक बात नहीं होती, यह मैं जानता हूँ पर मुझे लग रहा था कि लोग इससे मुझे बड़ा सरल और सीधा व्यक्ति समझेंगे कि भई जोशीजी काफी पहले आ गए थे।

मैं पहले आकर हाल के पीछे चट्टानों पर एक जगह रुमाल बिछाकर बैठ गया और सामने तालाब और उसके पीछे नजर आता शहर देखने लगा। मैं प्रकृति को देख रहा था और इस बारे में बड़ा कान्शस था कि मैं प्रकृति को देख रहा हूँ। लेखकों को कभी-कभी प्रकृति की ओर देख लेना चाहिए। खास तौर से हम छोटे शहरों और कस्बों के लेखकों से यह अपेक्षा की जाती है कि हम यदा-कदा प्रकृति को देखेंगे।

मैं तालाब को देख रहा था क्योंकि इसके अलावा कुछ किया जाने को नहीं था। मुझे एक क्षण को यह लगा कि मैं बहुत गहरा व्यक्ति हूँ जो इस तरह अकेला एक चट्टान पर बैठा प्रकृति की ओर देख रहा हूँ। मैं चाहता था कि लोग मुझे इस तरह प्रकृति की ओर देखते हुए देखें। दो लड़के जो साइकिल से वहाँ से गुजरे, उन्होंने मुझे देखा भी। हो सकता है वे इससे प्रभावित भी हुए हों।

इसी समय मैंने नेता की कार को आते हुए देखा और मैं उठ खड़ा हुआ। जब मैं हाल के अन्दर आया तब संयोजक नेता से क्षमायाचना कर रहा था कि अभी तक लोग नहीं आ सके, पता नहीं क्या बात है। जब मैं अन्दर घुसा तब उसने मुझसे क्षमा माँगी और वही बात दुहराई, फिर वह हम दोनों को सोफे पर तशरीफ रखने की कह कहीं चला गया। वह इस तेजी से गया जैसे वह अभी जाएगा और सारे श्रोताओं को पकड़ लाएगा। हम दोनों सोफे पर बैठ गए। नेता का साथी बीड़ी पीने चला गया।

हम दोनों ने एक-दूसरे से बातचीत की। उसने मेरी एक रचना का जिक्र किया जो वह पता नहीं कहाँ, कैसे, कब और यों ही पढ़ गया था। फिर मैंने उसके एक वक्तव्य का जिक्र किया जो केन्द्रीय शासन से एक नए झगड़े की शुरुआत करता था। एक-दूसरे की प्रशंसा करने

के बाद तुरन्त ही हमें यह अनुभव हुआ कि ये सब बातें बेकार हैं क्योंकि हम भीड़ जुटाने में असमर्थ हैं। हम यहाँ अकेले बैठे हैं भाषण देने को और लोग सुनने नहीं आए हैं। वह कितना अच्छा नेता है और मैं कैसा लेखक, पर हम दोनों श्रोताओं को एकत्र नहीं कर पाए। हमारे नाम निमन्त्रण-पत्र पर छपे हुए थे कि हम बोलनेवाले हैं फिर भी लोग नहीं आए थे। भाषण हमारे कंठ में रुके हुए इन्तजार कर रहे थे, फूट पड़ने को बेचैन, पर हाल में कोई नहीं था। हम एक-दूसरे से क्या बातें करते ! हम क्या करते !

इतने में संयोजक फिर हाल में आया। इस बार उसके साथ माइकवाला था। उसने माइकवाले से कहा कि वह रिकार्डिंग शुरू करे। उसने माइकवाले से यह बात बहुत डाँटकर कही और फिर हम लोगों की ओर देखने लगा। वह इस तरह हमें बता रहा था कि उसने भीड़ न होने के मूल कारण को पकड़ लिया है कि रिकार्डिंग नहीं हो रही है। वह आश्वस्त था कि लोग इसके बाद आ जाएँगे। फिर वह हमारे पास आकर खड़ा हो गया। मुझे उसका इस तरह पास खड़े होना बिलकुल बेमतलब लगा।

नेता संयोजक की ओर क्रोध से देखने लगे। मैंने संयोजक की ओर क्रोध से नहीं देखा। मैं संयोजक का आभारी था कि उसने मुझे बुलाया। यद्यपि हाल खाली था, श्रोता नहीं थे पर मैं संयोजक का आभारी था कि उसने मुझे बोलने के लिए निमंत्रण दिया। पर नेता श्रोताओं की अनुपस्थिति से क्रुद्ध था। वह श्रोताओं पर नहीं, वह संयोजक पर नाराज था। ''तुमने निमन्त्रण-पत्र दिए थे या नहीं ?'' नेता ने पूछा।

''हाँ, दिए थे !'' संयोजक ने गर्व से कहा—''हमने एक हजार निमन्त्रण-पत्र छपवाए साहब। चौबीस रुपए खर्च हुए। आप लोगों ने देखे या नहीं ?'' और उसने जेब से एक-एक निमन्त्रण-पत्र निकालकर हम दोनों को थमा दिया।

लाउडस्पीकर पर फिल्मी गाने जोरों से चीखने लगे। संयोजक उस

तेज आवाज का प्रभाव आँकने बाहर चला गया। नेता ने एक बार निमन्त्रण-पत्र पर नजर डाली और उसे सोफे पर हम दोनों के बीच डाल दिया। मैं निमन्त्रण-पत्र को पढ़ता रहा।

मुझे जाने क्यों अपने लेखक मित्रों के भीड़ और अकेलेपन की समस्या पर दिए गए वक्तव्य याद आने लगे। हम सब भीड़ हैं। हम सब भीड़ में कहीं हैं। हम सब इस भीड़ में कितने अकेले हैं, कितने असहाय ! हम सब इस भीड़ से कहीं दूर जाना चाहते हैं, हम सब भीड़ से भागना चाहते हैं, पर भीड़ हमें बार-बार घेर लेती है। उफ, यह भीड़ कैसी घुटन है !

पर इस विशाल हाल में आगे रखे सोफे पर बैठे हम दोनों भीड़ से भागना नहीं चाहते। हम भीड़ की प्रतीक्षा कर रहे हैं। हम भीड़ के बिना अपने को कितना अकेला और असहाय अनुभव कर रहे हैं। हम चाहते हैं कि भीड़ आए और हमें घेर ले। बिना भीड़ के कितनी घुटन अनुभव हो रही है।

दो व्यक्ति आए और हाल के बाहर बरामदे में खड़े हमारी ओर देखने लगे। उनमें एक व्यक्ति गंजा था, कन्धे पर थैला डाले था और कुरता-पाजामा पहने था। वह कुछ आदर्शवादी लगता था या हो सकता है कि वह सी.आई.डी. का आदमी हो क्योंकि वे लोग भी चेहरे से बड़े आदर्शवादी लगते हैं। वे लोग इस तरह खाली हाल में हमें बैठा देखकर कनखियों से एक-दूसरे की ओर देखकर मुस्कुराए। मैंने उनकी ओर से नजरें घुमा लीं और मैं मंच की ओर देखने लगा। मंच पर टेबिल और तीन कुर्सियाँ रखी थीं। एक नेता के लिए, एक मेरे लिए और एक संयोजक ने शायद अपने बैठने के लिए रख छोड़ी थी। मैंने सोचा कि मैं इस दाहिनी कुर्सी पर बैठूँगा। अगर सचमुच सभा हुई तो इस विशाल हाल में भाषण देना सचमुच में अच्छा लगेगा।

नेता ने निमन्त्रण-पत्र फिर उठा लिया और वह उसे पढ़ने लगा।

"आज का विषय बहुत अच्छा है !" मैंने नेता से कहा।

"हाँ, विषय बहुत अच्छा है !" उसने जवाब दिया और निमन्त्रण-

पत्र देखता रहा।

हम लोग आज एक बहुत अच्छे विषय पर बोलने के लिए निमन्त्रित थे। एक चर्चा का विषय सामयिक और ज्वलन्त था। मैंने आज सुबह बैठकर कुछ नई बातें सोची थीं और मैं सभा का ध्यान उन तर्कों से अपनी ओर खींच लेता। मैंने इसी विषय को लेकर एक-दो निबन्ध भी पढ़े थे। मैं हू-ब-हू एक ऐसी ही स्थिति खोज सका था और तब जो सलाह तुलसीदासजी ने दी थी, वही रामायण के सन्दर्भ के साथ मैं देनेवाला था। अपनी गम्भीरता और अध्ययनशीलता के प्रभाव के विषय में मैं बिलकुल निश्चिन्त था।

हाल के बाहर मोटर-साइकिल रुकी और एक फोटोग्राफर तेजी से हाल के अन्दर आया और मुझे तथा नेताजी को नमस्कार कर देर से आने के लिए क्षमा माँगने लगा। हम लोग उसकी ओर देखकर मुस्कुराए। फिर खाली हाल देखकर वह खुद झेंपा और घड़ी देखने लगा। वास्तव में वह बहुत तेजी से मोटर-साइकिल पर आया था और रास्ते में उसने निश्चित किया था कि पहुँचते ही वह क्षमा माँग लेगा। वह उसी जोश में मोटर-साइकिल से उतरा भी और आकर क्षमा माँगने लगा। पर सब व्यर्थ था। तभी संयोजक हाल में घुसा। उसके साथ दो महिलाएँ थीं। उसने दोनों महिलाओं का परिचय मुझसे और नेताजी से करवाया।

हम लोग खड़े हो गए। इतने बड़े हाल में एक मिनट को ड्राइंग-रूम का वातावरण बन गया। वे महिलाएँ पास के सोफे पर बैठ गईं। फोटोग्राफर संयोजक से हाथ मिला-मिलाकर हँस रहा था। पता नहीं वे किस बात पर हँस रहे थे।

तभी नेताजी का साथी बीड़ी फूँकता हुआ आया और हाल की एक कुर्सी पर बैठ गया। माइकवाले ने एक कव्वाली का रिकार्ड लगा दिया। मैं कव्वाली के बोल सुनने लगा। नेताजी सिर झुकाकर अपने जूते देखने लगे। तभी झोला कन्धे पर लटकाए वह गंजा, आदर्शवादी शक्ल का आदमी बरामदे में अपने साथी सहित फिर दिखाई दिया। वे

दोनों हाल में आकर पीछे बैठ गए। शायद वे बाहर खड़े-खड़े थक गए थे। वे निश्चित ही बड़े निष्ठावान और ईमानदार व्यक्ति थे, जो इस विषय में हमारे विचार जानने आए थे। या हो सकता है, वे सी.आई.डी. के आदमी हों।

कुछ लोग और आए और हाल में बैठ गए। शायद कोई सिटी बस पास के स्टाप पर रुकी थी और उससे ये गुच्छा-भर लोग उतरे थे। नेताजी ने पीछे घूमकर देखा। इस उपस्थिति के बावजूद हाल का खालीपन दूर नहीं हुआ था। मैंने उन्हें देखा और हमारे चेहरों पर मुस्कान तैर गई। एक आशा कौंध गई कि सभा होगी और हम बोलेंगे। सचमुच सभा होगी और सचमुच हम बोलेंगे। मैं सोचने लगा कि मुझे क्या बोलना है। मैं उन तर्कों और तर्क के क्रम को मन-ही-मन दुहराने लगा जो मुझे आज कहना था। मुझे लगा, वह मुझे याद नहीं आ रहा। इस हाल के खालीपन ने मेरे दिमाग में एक खालीपन भर दिया और मैं भूलने लगा।

मैंने अपने को सहज किया और हाल के दरवाजे की ओर देखा जहाँ संयोजक रिकार्ड के संगीत पर पैर हिलाता खड़ा दूर किसी ओर देख रहा है। शायद उधर से कुछ लोग आ रहे हों। कुछ देर बाद सचमुच दो व्यक्ति आए और नेता के बिलकुल पीछे आकर बैठ गए। वे लोग चेहरे से बड़े प्रसन्न और सन्तुष्ट लग रहे थे। वे शायद इस बात से प्रसन्न थे कि सभा आरम्भ होने के पूर्व आ गए हैं। वे सन्तुष्ट थे कि वे समय से हैं।

दोनों महिलाएँ बोर होने लगी थीं। उनमें एक, जो स्वेटर नहीं बुन रही थी, बार-बार मेरी ओर प्रश्नवाचक दृष्टि से देखती थी कि सभा कब शुरू होगी। मैं जवाब में उसी तरह संयोजक की ओर देख लेता था। वे लोग आपस में किसी बात पर हँस भी रही थीं। उनके इस तरह हँसने से मैं न जाने क्यों अपमानित अनुभव कर रहा था। जब संयोजक अन्दर आया तब उससे मैंने कहा—"मुझे लगता है कि आज मीटिंग नहीं हो सकेगी। बेहतर है, तुम किसी अगली तारीख

की घोषणा कर दो !''

''यह कैसे हो सकता है, साहब, यह कैसे हो सकता है ? आज के लिए हमने हाल बुक किया है। हमारा बहुत खर्च हुआ है। हमारी संस्था की इज्जत का सवाल है,'' वह मुझ पर नाराज होने लगा।

नेता मुस्कुराए और उन्होंने मेरा हाथ दाबा—''ऐसा होता है जी, अक्सर होता है। मीटिंगों में आजकल लोग नहीं आते। हम तो राजनीति करते हैं। हम सब जानते हैं। चौराहे पर सभा करो तो वहाँ भी लोग नहीं आते। निराश होने से काम नहीं चलता। पिछली बार चौक में हमने आम-सभा की तो काफी देर तक भीड़ इकट्ठी नहीं हुई। हमें एक मदारी को बुलाकर रीछ का नाच करवाना पड़ा। जब लोग उस बहाने इकट्ठे हुए तब सभा शुरू की। ऐसा होता है।''

सभाओं के मामले में एक नेता लेखक की अपेक्षा अधिक अनुभवी होता है। मैं चुप रह गया। मैंने उस महिला की ओर कनखी से देखा—देखो, सभा देर से शुरू होने की जितनी पीड़ा तुम्हें है, उतनी ही मुझे भी।

संयोजक दोनों हाथ फैलाए कह रहा था—''जनाब, अगर 25 लोग भी इकट्ठे हो जाएँ तो सभा आरम्भ कर दूँगा। मैं नहीं रुकूँगा, मैं तुरन्त आरम्भ कर दूँगा !'' फिर वह दाँत पीसता हुआ हाल की ओर देखने लगा।

मैंने अनुभव किया कि उसका संकल्प दृढ़ है। आँखों में विश्वास की चमक है। चाहे मुट्ठी-भर लोग हों, वह सभा करेगा। सभा होगी, निश्चित होगी। उसके विश्वास ने मुझे बल दिया। मैं सोफे से पीठ टिकाकर दरवाजे की ओर देखने लगा।

सेवकराम 'निर्भय' के तीन पत्र

पूज्य कुन्दनलालजी,

आपका पत्र यथा-समय प्राप्त हुआ पर मैंने सोचा कि आपके पत्र का जवाब देने के पहले क्षेत्र की स्थिति का और साथी लोग क्या विचारते हैं, इसकी जानकारी लेने के लिए क्षेत्र का दौरा लगाना उचित होगा। मैंने आपका पत्र बताकर और सारी बात समझाकर जमनाप्रसाद भाई साहब से ढाई सौ रुपए ले लिए थे जो कृपया आप उन्हें बजर्ये चैक भिजवा दें। मैंने इस मामले में देर करना और आपको पत्र लिखकर रुपए मँगाने की प्रतीक्षा करना उचित नहीं समझा और जमनाप्रसादजी से मदद माँगी। वे आपका बड़ा मान रखते हैं और वे दिली रूप से ऐसा विचारते हैं कि आपका चुनाव में खड़ा होना क्षेत्र के हित में है। आप भी अनुभव करते होंगे कि हम ज़रा देर से चेते पर अभी भी कुछ खास देर नहीं हुई है और वर्क किया जा सकता है। मैं, चुनाव की हालत क्या होगी और वोट किसकी तरफ गिर सकते हैं, इसका अध्ययन करने

संगरपुर गया और वहाँ से बिलवानी, कायथा और जम्मीरपुर में रुकता, बात करता कल रात यहाँ आया हूँ। आप जानते हैं कि मैं सोलह आना आपका आदमी हूँ और आप जौन सी पार्टी में जाते हैं, मैं औन सी पार्टी का काम करता हूँ। आपकी कृपा और स्नेह से क्षेत्र पर मेरा जो प्रभाव है, उससे आप परिचित हैं। अभी क्षेत्र के जनसंघी और कम्युनिस्ट कुछ दिन हुए, अलग-अलग मुझसे मिले थे और बोले थे कि इस बार सेवकरामजी आपको खड़ा होना चाहिए क्योंकि इस बार आपका बड़ा प्रभाव है। पर मैंने टाल दिया क्योंकि आपका विचार पक्का हुए बिना मेरा कुछ तय करना गलत होता। अब चूँकि आपने चुनाव में लड़ने का विचार किया है तो मैं अब आपकी सेवा में हूँ।

आप कांग्रेस से टिकिट लेने की कोशिश में हैं, यह खुशी के समाचार हैं। पर सुना है इस बार ठाकुर धनपतसिंह भी कांग्रेस से टिकिट लेने के फेर में हैं। बता रहे थे कि वे इस मामले में दिनेशसिंह से जोर डलवाएँगे। कोई बात नहीं क्योंकि आपकी भी पहुँच हाईकमांड तक है। इधर मोहम्मदबख्श, संगरपुर बस सर्विसवाला भी कोशिश में है कि उसे टिकिट मिले। जिला कमेटी ने ऊपर के दबाव से कोकिलाबाई का नाम प्रस्तावित किया है। प्रस्ताव करने के बावजूद कांग्रेस कार्यकर्ताओं में असन्तोष हैं। वे कहते हैं कि क्षेत्र की छाती पर कोकिलाबाई-जैसी बाहरी उम्मीदवार अब सहन नहीं होगी। क्षेत्र का प्रतिनिधित्व पुराने कार्यकर्ता को करना चाहिए। आप कांग्रेस के पुराने कार्यकर्ता हैं और सैंतालीस से आप कांग्रेस के साथ हैं, सो सब जानते हैं। नेहरूजी जब जिले में आए थे तब आपने उन्हें हार पहनाया था जिसका फोटो आपके पास है, सो आप इस अवसर पर हाईकमांड को पेश कर सकते हैं। फिर भी कांग्रेस से टिकिट नहीं मिला तो जनसंघ से बात की जा सकती है। आशा है इस मामले में सिद्धान्त का प्रश्न आड़े नहीं आएगा। कांग्रेस से टिकिट न मिलने पर आपको पूरा अधिकार है कि आप असन्तुष्ट हो जाएँ और तब विरोधी पार्टी आपकी भावना का मान रखेगी। इस मामले में थोड़ी पालिटिक्स चलानी पड़ेगी

सो आप समर्थ हैं। इधर हम पब्लिक से कोकिलाबाई के खिलाफ आवाज खड़ी करेंगे। दाल मिलवाले आपके साथ हैं।

दौरा करने के बाद मैं इस नतीजे पर पहुँचा हूँ कि आपकी जीत की सम्भावना ज्यादा है। पिछले चुनाव में आपकी हार के बाद जो सबक हमने सीखा है उसे मद्देनजर रखकर इस बार सारा काम मुझे खुद हाथ में लेना पड़ेगा। आप रहेंगे ही। पिछली बार से इस बार हालत में भी फरक पड़ गया है। संगरपुर की रिपोर्ट यह है कि वहाँ ब्राह्मण वोट ज्यादा हैं। पिछली बार डॉक्टर तिवारी के प्रभाव से ब्राह्मण वोट कट गए थे। पर गए साल डॉक्टर तिवारी की पुत्री के गैर-जात में प्रेम-विवाह कर लेने के कारण उनका जाति पर वह प्रभाव नहीं है जो पहले था। सो फूट पड़ने की सम्भावना है। हमें लाभ होगा। इसके अलावा छोटे दुकानदार आपको वोट देंगे। नन्नूमलजी से आपका खुद बात करना उचित होगा। मेरे विषय में उनके विचार उचित नहीं हैं। वे मुझ पर रुपया खाने का आरोप लगाते हैं। मैं तो उस बात को भूल भी चुका पर उनके मन में शिकन बाकी है, सो अच्छी चीज नहीं। इसके अलावा कुम्हारों और नाइयों के वोट पक्के हैं, थोड़ा रुपया खर्च होगा। बिलवानी में हाईस्कूल वगैरा खुलने से कांग्रेस का प्रभाव बढ़ा है पर सहकारी समिति में फूट है। गोविन्द चौबे पर गबन का आरोप है, सो उसका प्रभाव आजकल खलास हो गया है। यहाँ राजपूत, चमारों की लड़ाई पुरानी है। धनपतसिंह को कांग्रेस टिकिट मिला तो राजपूत वोट गए समझो। पर चमारों को उचका आया हूँ। खासतौर से नत्थूराम ने कहा है कि उसके सारे लोग कुन्दनलालजी का साथ देंगे। जैन वोट पक्के हैं क्योंकि आपको बड़ा मान देते हैं। मैंने कुछ आढ़तियों से बात की थी तो कह रहे थे कि मंडी के हम्मालों के वोट आपको गिरवा देंगे। यहाँ वर्क करना होगा। कल्याण भाई से मुलाकात नहीं हो सकी, बाहर थे ! अनशन के बाद उनका असर बढ़ा है। उसे इस्तेमाल करना जरूरी है।

कायथा में नए सिरे से कोशिश करनी पड़ेगी क्योंकि वहाँ अपना जो सबसे ईमानदार वर्कर था सरजू, वह पार साल डकैती में पकड़ा गया

और अगले चुनाव के पहले छूटने का नहीं। मैं वहाँ भरोसे के आदमी की तलाश में हूँ। कमरुद्दीन भाई इन दिनों हज को गए हैं, सो बोहरा वोट उनके असर से इस बार अलग रहेंगे। मैंने ताहिरअली भाई पैट्रोल पम्पवालों से बात की थी। सब कुछ आपको टिकिट मिलने या स्वतन्त्र खड़े होने पर निर्भर करता है। सदा की चाल से ये वोट कांग्रेस को जाते हैं और प्रचार नहीं ठहरता पर आपकी सीधी पहुँच असर करेगी। यही हाल मुसलमान वोट का है। मुहम्मदबख्श खड़ा हुआ तो वोट कटेंगे और अगर आप भी स्वतन्त्र खड़े हुए तो यह बात अपने फायदे में रहेगी। जमीरपुर आपका सदा साथ देता है तो इस बार भी साथ देगा। कायस्थ वोट नहीं मिलेंगे। सक्सेना वकील को पटाने से कुछ सम्भव है।

कुल मिलाकर स्थिति यह है कि यों हम आदर्शवाद से चलेंगे पर जातिवाद भी चलाना होगा। चार जीपें लगेंगी, एक आपकी कार है, माँगने पर गुप्तजी की डाज मिल सकती है, सुधरवानी पड़ेगी। आप कहें तो गाड़ियों के मामले में खटपट शुरू करूँ। चुनाव के दिन हैं, बाद में भाव बढ़ जाएँगे। जैसी आपकी आज्ञा। आपके चुनाव में खड़े रहने की खबर मैंने नर्मदाबाई को सुनाई तो वह बड़ी प्रसन्न हुई। बिचारी आपका बड़ा मान रखती है और आप भी उससे सच्चे हृदय से प्रेम करते हैं जो आप जैसे महापुरुषों को शोभा देता है। आप खड़े हुए तो नर्मदाबाई लेडीज़ों में प्रचार करेगी जिससे ताकत बढ़ेगी।

इस प्रकार आपकी जीत पक्की है। हमें वर्क करना पड़ेगा पर ईश्वर ने चाहा तो इस बार आप लोक-सभा में विराजोगे। चुनाव में खर्च साठ-सत्तर हजार से कम नहीं बैठेगा, लाख तक भी पहुँच सकता है क्योंकि जनता कष्ट में है और महँगाई ज्यादा है। पैसों के विषय में न परवाह की है, न करेंगे। फिलहाल आप पाँच हजार का ड्राफ्ट भेज दें तो काम का लग्गा लगे। फिर आप स्वयं पधारेंगे ही। भाभी साहब को चरण-स्पर्श।

आज्ञाकारी,
सेवकराम 'निर्भय'

पूज्य कुन्दनलालजी,

जमनाप्रसादजी भाई साहब से आपकी हुई ट्रंककाल पर चर्चा के अनुसार पता लगा कि आपको कांग्रेस टिकिट नहीं मिल रहा है और जिला कमेटी के प्रस्ताव के अनुसार कोकिलाबाई को टिकिट दिया जा रहा है। इस समाचार से कि टिकिट कोकिलाबाई को मिल रहा है, यहाँ के कांग्रेसी रुष्ट हैं। मैंने उनसे बात चलाई है और उम्मीद है कि ये ऊपर से कांग्रेस का और गुप्त रूप से हमें सफल बनाने की ही कोशिश करेंगे। या नीचे का वोट कांग्रेस को और ऊपर का वोट यानी दिल्लीवाला लोकसभा का वोट आपके नाम गिरवाएँगे। अब आप स्वतन्त्र उम्मीदवार हो जाओ क्योंकि जनसंघ से भी टिकिट मिलना कठिन होगा, यों आप कोशिश करके देख लो। कांग्रेस. ने आपको टिकिट न देकर भारी गलती की है पर इसके लिए कांग्रेस को पछताना पड़ेगा।

पहली बात तो यह है कि कल्याण भाई आपका समर्थन करने को राजी हो गए और बोले कि जब खुद कुन्दनलालजी खड़े हो रहे हैं तो किसी और को समर्थन करने का सवाल ही नहीं उठता। बिचारे आपको बड़ा मान देते हैं। मुझसे उन्होंने फिलहाल एक हजार रुपया माँगा है और बोले कि अगर जरूरत समझेंगे तो तीन-चार दिन का अनशन और किसी बात पर कर देंगे। मैंने दे दिया है। आपके पाँच हजार के ड्राफ्ट मिलने के बाद मुझे दो हजार रुपए जमनाप्रसादजी से और लेने पड़े, आप कृपया उन्हें भिजवा दें। रुपए की आवश्यकता इस कारण आ पड़ी कि बिलवानी में वर्क शुरू करना जरूरी हो गया था। वहाँ का बी.डी.ओ. जिसे अभी भ्रष्टाचार के मामले में सरकार ने अलग किया, अपना पूरा साथ देगा क्योंकि उसका प्रभाव और पहचान बहुत है और वह कांग्रेस को हराने की ठाने हुए हैं। आप और रुपए तुरन्त भिजवाएँ। नर्मदाबाई भी लेडीज़ों में वर्क शुरू करना चाह रही हैं। रुपए के लिए वह आपको खुद लिखतीं पर भाभी साहब के डर से नहीं लिख रहीं कि कहीं उनके हाथ लेटर पड़ गया तो

खामोखा का झगड़ा खड़ा होगा।

एक बात यह है कि अब आपका क्षेत्र में पधारना आवश्यक हो गया है। यूँ आप बिजनेस भी नहीं छोड़ सकते पर जनता आपके दर्शन कर ले, यह जरूरी हो जाता है। जनता की शिकायत है कि आप पिछले चुनाव में हारने के बाद क्षेत्र से रुष्ट हो गए हैं। आप आते भी हैं तो बाला-बाला नर्मदाबाई से मिलकर चले जाते हैं। इस शिकायत को दूर करना आवश्यक है, अतः आप शीघ्र पधार जाएँ।

अब रिपोर्ट यह है कि संगरपुर की झलक पहले से सुधरी है। ब्राह्मणों ने साफ कह दिया है कि डा. तिवारी की चाल में हम नहीं फँसेंगे। मैंने पं. गजधर मिश्र से बात की है। उन्होंने सहयोग का वचन दिया है। वे अपने मन्दिर का जीर्णोद्धार करवाना चाहते हैं और आपसे सहायता चाहते हैं। आप दान खाते से पाँच हजार रुपए उन्हें भिजवा दें। इस बहाने गजधर मिश्र जाति के ब्राह्मणों में प्रभावशाली हो जाएँगे और दान देने से आपका यश बढ़ेगा जो चुनाव में काम आएगा। धनपतसिंह को विधानसभा का टिकिट मिला है। इस तरह बिलवानी के वोट विधानसभा के धनपतसिंह को और लोकसभा के कोकिला बहन को जाएँगे। ऐसी हालत में सिर्फ चमार-वोट हमारे पास रह जाते हैं। पर मेरी धनपतसिंह से गुप्त चर्चा चल रही है। वह कहते हैं अगर मेरे विधानसभा के चुनाव-खर्च में कुन्दनलालजी मदद करें तो लोकसभा के राजपूत वोट कांग्रेस को कटवाकर उन्हें दिलवा दूँ। मैंने विचार करने को कह दिया है। इसे दो जीपें भिजवाने और माइक का खर्चा देना पर्याप्त होगा। प्रस्ताव बुरा नहीं है। चमार-वोट हाथ से नहीं जाएँगे क्योंकि आपकी कृपा से इस वर्ष बिलवानी की शराब की दुकान का ठेका मुझे मिल गया है। इस तरह बिलवानी सालिड हो गया है।

मुकुन्दीलाल विद्रोही मुझसे मिला था। बोला, उसके पास दैनिक 'बवण्डर' का डिक्लेरेशन पड़ा है और अगर जरूरत पड़े तो कुन्दनलालजी के समर्थन में और कांग्रेस के विरोध में दो पन्ने का सायंकालीन शुरू किया जा सकता है। विद्रोही की कलम तेज है जिसे आप सरलाबाई नर्स

के प्रेमकाण्ड के समय में खुद देख चुके हैं। आप आर्थिक सहायता करें तो अपने पास जोरदार पर्चा हो जाएगा जो जोर की आवाज बुलन्द कर आपका समर्थन करेगा। इसका चुनाव में खूब असर होगा। और कोई विशेष बात नहीं। रुपयों की प्रतीक्षा है। गुप्ताजी की डाज गाड़ी दुरुस्ती को डाल दी है। आप क्षेत्र में पधारने का कार्यक्रम लिखिए। जीपें किराए से लेने के लिए एडवांस देना, इन्तजार में हूँ। उपरोक्त सभी समस्याओं पर निर्णय दें। मुकुन्दीलाल विद्रोही 'बवण्डर' में कोकिलाबाई के सब कच्चे चिट्ठे खोलने के मूड में हैं।

आपका,

सेवकराम 'निर्भय'

पुनश्च : दाल मिलवाले सहयोग पूरा करेंगे। उनकी हालत इन दिनों खराब है। यूनियन के झगड़े चल रहे हैं। आपसे लोन चाहते हैं। जरूरी हुआ तो मैं खुद उनके और यूनियन के बीच कूदकर आपसे कर्ज दिलवा मामला पटवाऊँगा।

पूज्य कुन्दनलालजी,

वोटों की गिनती करवाकर कलेक्ट्रेट से सीधा नर्मदाबाई के घर पहुँचा इस आशा से कि आप मिल जाओगे पर पता लगा कि आप निराश होकर जा चुके हैं। मेरा जी बड़ा भारी था, मैं सुखलाल के घर जाकर सो रहा। आपकी हार मेरी हार है, क्षेत्र की जनता की हार है। हार की पीड़ा तो थी ही सही पर यह सुनकर और भी मन को दुख हुआ कि जाते समय कुन्दनलालजी कह गए कि सेवकराम ने मेरा रुपया खाया और काम नहीं किया जिसकी वजह से मुझे हारना पड़ा। ठीक है, भाई साहब, आप कह सकते हैं। आप बड़े आदमी हैं, मैं गरीब आदमी हूँ, आप जो कहेंगे वही सत्य है और मैं जो कहूँगा सो झूठ है। तीन महीने से घर-द्वार की फिकर नहीं कर आपकी खातिर मारा-मारा फिर रहा हूँ, क्षेत्र में बदनाम हुआ और कोकिला बहन-जैसी देवी का

विरोध किया। उनकी विजय के बाद आज मैं उनको मुँह दिखाने की हालत में नहीं हूँ। कांग्रेस का विरोध करने के कारण जिले के हाकिम-उमरा मुझसे अलग खफा होंगे सो उनका दण्ड मुझे भुगतना पड़ेगा।

भाई साहब, मेरी सच्ची सेवा की आज आपकी निगाह में कोई इज्जत नहीं है और मैं अपनी किस्मत को रो रहा हूँ। और यह कड़ी बात भी मुझे सुनाई उस नर्मदाबाई ने जिसके मायाजाल में फँसकर आप घर, परिवार, क्षेत्र की जनता और मुझ-जैसे सच्चे साथियों को भी भुला रहे हैं। अरे आपसे रुपया तो खाया है उस छिनाल नर्मदाबाई ने जो जीवन बाबू को छोड़ अब आपके गले लग गई और रुपया लूट रही है। मुझे तो देवी रूप भाभीजी का ध्यान आता है कि जिन्हें आप भुला बैठे और साथ ही मुझ-जैसे सेवकों को भी। खैर, आशा है आपको एक दिन सच्ची बात समझ आएगी। ईश्वर सब देखता है। मैं सिर्फ इतना कहूँगा कि अगर आप नर्मदाबाई के घर ही दिन-रात नहीं पड़े रहते और क्षेत्र की जनता से मिलते, दौरा-प्रचार करते तो आपकी विजय निश्चित होती। आपके घर रहने की वजह से नर्मदाबाई भी लेडीज़ों में प्रचार नहीं कर पाईं।

मैं कार्यकर्त्ता हूँ और मैं तो आपकी तरह भावुक नहीं हो सकता कि अपने-पराए को भूल जाऊँ। मेरा निवेदन है आप ठण्डे माथे से सब विचारें और हार के कारणों पर ध्यान दें, भविष्य की योजना निश्चय करें। यह सच है कि कोकिला बहन विजयी हुई हैं पर पिछली बार से इस बार उन्हें कम वोट मिले हैं और हमारे वोट का प्रतिशत बढ़ा है, सो हमारे परिश्रम का परिणाम है। हारकर भी आपकी नैतिक विजय हुई है, ऐसा विचार मेरे मन में आता है।

हार के कई कारण हैं। धनपतसिंह ने अपने से सहायता ली पर राजपूत वोट कांग्रेस को ही गिरवाए। राजपूत होकर उसने वचन नहीं निभाया, अब क्या कहें। चमार-वोट पक्के थे पर रातों-रात फूटे हैं क्योंकि विरोधियों ने कोई बड़ा लालच फेंका था। हमारा मुफ़्त दारू

पिलवाना काम नहीं आया। संगरपुर में डा. तिवारी का असर फिर काम कर गया। पं. गजधर मिश्र को आपने मन्दिर के जीर्णोद्धार के लिए रुपए दिए पर वे बजाय मन्दिर के काम में लगने के सीमेण्ट की जोरदार चोर-बाजारी में लगे। मुझे पता लगा कि पं. गजधर मिश्र ने कई पार्टियों से जीर्णोद्धार के नाम पर पैसा खाया है।

मुकुन्दीलाल विद्रोही का 'बवण्डर' काफी जोर मारता रहा और आपने भी उसे मनचाहा रुपया दिया पर आप जानते हैं कि आजकल पब्लिक की मेण्टेलिटी ऐसी हो गई है कि वह छोटे अखबार के प्रभाव में नहीं आती। दाल मिल को आपने कर्ज दिया सो मैनेजमेण्ट के वोट तो आपको मिले पर यूनियनवालों के नहीं मिले जिसकी उम्मीद थी। प्रसन्नता की बात यह है कि वे कांग्रेस को भी नहीं गए।

यदि आप स्वीकार करें तो कहना होगा कि हम पूरी तरह वर्क नहीं कर सके क्योंकि आपने निर्णय देर से लिया। पर मेरा विचार है कि आगामी चुनाव के लिए हमें आज से कार्य शुरू करना होगा। कल्याण भाई भी हार से दुखी हैं पर उनका भी यही विचार है। आप भी यह निर्णय लें कि आप क्षेत्र की जनता से सम्पर्क करेंगे और क्षेत्र की जनता को यह कहने का अवसर नहीं देंगे कि आप नर्मदाबाई के घर समय गुजारकर चले जाते हैं। इस बार आपके खिलाफ वोट गिरने का एक बड़ा कारण आपके और नर्मदाबाई के सम्बन्धों को लेकर हुई चर्चा है, यद्यपि आपके ईमानदार कार्यकर्त्ता के नाते मैंने सदैव यही कहा है कि भाई साहब नर्मदाबाई से पवित्र प्रेम रखते हैं।

अब मेरा निवेदन है कि कृपया पाँच हजार का ड्राफ्ट आप तुरन्त भेज दें क्योंकि माइकवाले, टैक्सी का किराया, कार्यालयों का भाड़ा, पैट्रोलवाले का पेमेण्ट सभी करना है। क्षेत्र में अभी से वर्क आरम्भ करने के लिए क्या बजट आएगा सो मैं पत्र आने पर भेजूँगा। मुकुन्दीलाल विद्रोही को शायद आपने कुछ रुपया देने का वचन दिया है सो भिजवा दें अन्यथा वह छिछला आदमी है, आपके नर्मदाबाई प्रकरण पर गन्दी बातें उछालेगा सो अच्छा नहीं क्योंकि भाभी साहब

की आत्मा को कष्ट होगा और आपकी बदनामी होगी। कृपया गुप्ताजी को डाज गाड़ी देने पर धन्यवाद का पत्र दे दें हालाँकि सुधरवाई पर इतना खर्च होने पर भी वह ऐन चुनाव के दिनों में बिगड़ी रही। पर उन्हें धन्यवाद का पत्र भेजना आपका कर्त्तव्य है ताकि आगे भी सम्बन्ध बने रहें और गाड़ी प्राप्त हो सके।

आशा है आप बिजनेस में व्यस्त होंगे। आप जैसे धीर, गम्भीर महापुरुष का निराश होना और मैदान छोड़ना उचित नहीं है। पूज्य भाभी साहब को प्रणाम।

भवदीय,

सेवकराम 'निर्भय'

पुनश्च—पाँच हजार का ड्राफ्ट तुरन्त भिजवा दें।

बजट की रात एक शहर में

बजट की रात। तारे आसमान में टिमटिमा रहे थे, पर धरती पर अँधेरा था। हवा तेज़ थी और कुछ हद तक भयावनी। तभी शहर की एक गली से कुछ दिव्य पुरुष तेजी से जाते दिखे। एक व्यक्ति ने उन्हें रोका और पूछा, "आप लोग कौन हैं और कहाँ को जाते हैं ?"

एक दिव्य पुरुष ने, जो अपेक्षाकृत अधिक दिव्य था और उन सब लोगों का नेता प्रतीत होता था, धीरे से कहा, "हम फरिश्ते हैं, शहर में सिगरेटें खरीदने जा रहे हैं, कल बजट है, सिगरेटें महँगी हो जाएँगी।"

यह सुनकर उस व्यक्ति ने अपनी जलती हुई सिगरेट, जिसे वह मजे ले-लेकर फूँक रहा था, बुझा दी और बुझी सिगरेट को सँभालकर डिबिया में रख लिया।

"मुझे भी कुछ इन्तजाम करना पड़ेगा, कल बजट है।" वह व्यक्ति बड़बड़ाया और उन फरिश्तों को सलाम कर तेजी से बढ़ लिया।

कुछ देर बाद गली के एक मकान के दरवाजे पर खट-खट हुई।

"कौन है ?" अन्दर से किसी स्त्री ने पूछा।

"मैं हूँ।" बाहर से पति ने उत्तर दिया।

दरवाजा खुला। पति अन्दर घुसा और अपनी पत्नी को बाँहों में लेकर बोला, "मुझे कुछ रुपए चाहिए, कुछ रुपए। जल्दी, इसी वक्त।"

"हे नाथ, मेरे पास तो कुछ भी नहीं है। एक पैसा भी नहीं बचा।"

पति की बाँहें ढीली पड़ गईं। उसका चेहरा लटक गया। उस स्त्री से पति का लटका हुआ चेहरा देखा नहीं गया। उसने अपने हाथों से कंगन निकालकर पति के हाथों पर रख दिए, "यह लीजिए, इन्हें ले लीजिए, मगर उदासी छोड़िए, इन्हें गिरवी रख अपना काम चला लीजिए।"

पति की बाँहें फिर कस गईं। उसने कंगन जेब में रख लिए और दरवाजे की ओर बढ़ा।

"ऐसी आप पर अचानक कौन-सी बिपदा आ पड़ी ?" स्त्री ने पूछा।

"कल बजट है। सिगरेटें महँगी हो जाएँगी। आज थोड़ा स्टाक कर लेना बहुत जरूरी है।" पति ने कहा और वह दरवाजा खोलकर तेजी से रात के अँधेरे में कहीं चला गया।

बजट की रात। चाँद अभी तक आसमान के नाम पर इशू नहीं हुआ था। राहगीर ने दूर से शहर की मीनारों को देखा और उस ओर अपना घोड़ा बढ़ाया। वह किसी सराय की तलाश में था, जहाँ वह रात-भर किसी भटियारिन के आँचल से मुँह लपेट शराब के कुल्हड़ उलटेकर सो जाए ताकि कल के सफर के लिए तरोताजा अनुभव कर सके। वह तेजी से शहर की ओर बढ़ा।

मीनार के पास बनी इमारत के पास से वह गुजरा तो उसने देखा कि वहाँ काफी लोग खड़े हुए हैं। पता लगा शहर का एक अमीर

आदमी बीमार है, डॉक्टर उसे देखने आया हुआ है।

तभी इमारत के दरवाजे से डॉक्टर बाहर आया।

"क्या हुआ डॉक्टर साहब ! अमीर की तबीयत कैसी है ? वे बच तो जाएँगे ?" डॉक्टर को देखते ही लोग चिल्लाए।

"कुछ कहा नहीं जा सकता !" डॉक्टर ने सिर लटकाकर कहा, "अमीर को हार्ट अटैक हुआ है। बचने की उम्मीद जरूर है, मगर सब कुछ कल के बजट पर निर्भर करता है, अगर कल टैक्स बढ़ गए तो अमीर का बचना मुश्किल होगा। आप लोग दुआएँ करें कि कल का बजट ऐसा न हो।"

वे सब लोग यह सुनते ही बजट की दुआ माँगने, ईश्वर से प्रार्थना करने क्रमशः मस्जिद और मन्दिर की तरफ लपक गए।

इतने में अमीर का बड़ा लड़का इमारत से बाहर आया और डॉक्टर को गालियाँ बकने लगा, "तुम भी हद करते हो डॉक्टर ! तुमने सारे स्टाफ को दुआएँ माँगने के लिए रवाना कर दिया। वे हरामखोर कहीं प्रार्थनाएँ करते पड़े रहेंगे और यहाँ रात को तीमारदारी कौन करेगा ? मैं बिना नौकरों की मदद के रात-भर बुड्ढे की क्या सेवा करूँगा ?"

राहगीर ने अपना घोड़ा आगे बढ़ाया—सराय की दिशा में।

"ठीक है, आने दो कल बजट ! मैं बढ़ते करों के बहाने इस कम्बख्त स्टाफ की छँटनी कर दूँगा !" अमीर का लड़का बड़बड़ा रहा था।

कुछ आगे चलने पर राहगीर ने देखा कि सामने बने मकान के ऊपरवाली खिड़की खुली और एक चाँद का टुकड़ा, जो वहीं रहता था, दिखाई दिया। राहगीर, जैसा कि होता है, उस हुस्न के टुकड़े को देख अपने होश गँवा बैठा और बोला, "ऐ नाजनीन, मैं तुझ पर कुर्बान हूँ और तुमसे मिलने को बेताब हूँ, मैं एक राहगीर हूँ। इस शहर में एक रात का मेहमान हूँ। अगर यह रात तेरे साथ गुजार सकूँ तो दिल को सुकून मिले और पैसों की भी बचत हो। सराएँ महँगी होती हैं और उस

बदशकल भटियारिन से तू हजार दर्जे बेहतर है। मैं तुझ पर मरता भी हूँ।''

''अगर ऐसा है तो ऊपर आ जा।'' नाजनीन ने जवाब दिया।

राहगीर ने घोड़ा बाँधा, घास डाली और लपककर सीढ़ियाँ चढ़ लिया।

''ऐ खूबसूरती की मलिका, क्या तू किसी सौदागर की बीवी है जो नसीब का मारा इस वक्त परदेश में है ?''

''हाँ।'' उस परी चेहरा ने जवाब दिया और राहगीर से पूछा, ''तेरा नाम क्या है ?''

''हातिमताई !''

''अगर तू हातिमताई है तो मेरी मदद कर।''

''बोल, क्या मदद चाहिए। मैं तुझ पर सौ जान से कुर्बान, तू कहे तो आसमान से तारे तोड़कर ला दूँ। हालाँकि आजकल उनका फैशन नहीं रहा।''

''ऐ हातिम, कल बजट पेश होनेवाला है और सुना कि सरकार सूखे मेवों पर टैक्स लगा रही है। मेरा पति सूखे मेवों का व्यापारी है जो नसीब का मारा इस वक्त परदेश में है। आज की रात तू ही मेरे पति की जगह है और तुझे वह सब करना चाहिए जो मेरा पति करता है। यह बजट की रात है। तू शहर की मण्डी में जा और सूखे मेवों का स्टाक नीचे गोदाम में रखवा दे ताकि कल जब टैक्स बढ़े तो मैं उन्हें ऊँचे दामों पर निकाल सकूँ। मैं तुझे स्टाक की खरीदी के लिए जरूरी रकम देती हूँ।''

हातिम ने सिर पर पगड़ी रखी, रुपया जेब में रखा और घोड़े के मुँह से घास छीन उस पर बैठ शहर की मण्डी की तरफ रवाना हो गया। रातभर वह सूखे मेवे के थैले खरीद घोड़े पर लाद उस नाजनीन के घर के नीचे बने गोदाम में ढोता रहा और जब सुबह हुई, उस हुस्नबानो से अलबिदा कह अगले मुकाम के लिए रवाना हो गया।

इस कहानी से उसे यह सबक भी मिला कि बजट के दिनों में

नसीब के मारों को परदेस की यात्रा नहीं करनी चाहिए।

बजट की रात। चाँद बाजार से एक सिरे से गायब हो गया था। सिर्फ तारे चमक रहे थे, मगर उससे क्या होता है। बिचारे छोटे पूँजीवाले और असंगठित। वे सब मिलकर भी उजाले का टेंडर नहीं भर सकते। सामनेवाली पार्टी चाँद और उसकी चाँदनी देखती है वह सितारों का टोटल नहीं लगाती।

वे दोनों खिड़की के पास लेटे हुए थे। एक-दूसरे में मगन। लड़की सुन्दर और उसके शरीर में लोच था। लड़का स्वस्थ, उसके शरीर में सारे आवश्यक विटामिन, कैल्शियम, आयरन, फास्फोरस आदि तत्त्व थे।

"तुम्हारी बातों में शक्कर घुली रहती है।" लड़की ने लड़के के स्वस्थ सीने पर उँगलियाँ फेरते हुए कहा।

"आज की रात और मेरी बातें सुन लो। सिर्फ आज की रात !" लड़के ने लड़की के बालों को सहलाते हुए कहा।

"क्यों ?"

"कल बजट पेश हो रहा है। सुना है, शक्कर पर टैक्स बढ़ जाएँगे। फिर बातों में यह मिठास रहे, न रहे।"

"ऐसा मत कहो।" लड़की ने उसके मुँह पर हाथ रख दिया।

लड़का गम्भीर हो गया। फिर धीरे से बोला—"कई बार सोचता हूँ, बदन में आयरन और फास्फोरस रहते तुमसे शादी कर लूँ। पता नहीं कब क्या हो ?"

"क्या सरकार दवाइयों पर भी टैक्स लगा रही है ?" वह घबरा गयी।

"कुछ कहा नहीं जा सकता।" लड़के के स्वर में निराशा थी।

वह पूरे लोच के साथ उसके समीप आ गई जैसे यह उनके सुखमय जीवन की आखिरी रात हो।

बजट की रात। चाँद सिर्फ ब्लैक में उपलब्ध है और वहाँ भी पूरा नहीं। एक तारा आत्महत्या कर अभी क्षितिज की ओर कहीं गिर पड़ा।

बेचारा। शेष तारे लंगोटियाँ पहने पूर्ववत् ठिठुर रहे हैं।

वे दोनों पूरी बोतल समाप्त कर टेबुल पर सिर टिकाए लेटे थे। उनकी पिस्तौलें टेबुल पर पड़ी थीं। वे बड़बड़ा रहे थे :

"क्या होगा, हम लोगों का क्या होगा।"

"जो किस्मत में लिखा होगा सो होगा प्यारे !"

"साले कारतूसों पर टैक्स लगा रहे हैं। इन लोगों को टैक्स लगाने के लिए और चीजें नहीं मिलीं ! कारतूसों पर लगा रहे हैं।"

"यह सरकार हम गरीब हत्यारों की रोटी-रोजी छीनने पर तुली हुई है। यह नहीं चाहती कि हम शान्ति से अपनी जिन्दगी बसर करें। कारतूसों पर टैक्स बढ़ा रही है, पिस्तौलें महँगी कर रही है। बताओ हम क्या करें, कहाँ जाएँ।"

एक गरीब आदमी चाहे तो बाजार से पिस्तौल नहीं खरीद सकता, कारतूस महँगे हो गए। कुछ समझ नहीं आता। क्या हम अपना धन्धा छोड़ दें ! क्या करें। एक हत्या करने का मिलता ही क्या है ? पाँच सौ, हजार और बड़ी पार्टी हुई तो दो हजार, छह महीने भी तो नहीं पुरता बाल-बच्चों के लिए। क्या होता है इतनी-सी रकम से !"

"और इस बजट के बाद तो उसकी भी उम्मीद नहीं। जब हत्या करने के दाम बढ़ जाएँगे तो ताज्जुब नहीं कि लोग अहिंसा से काम लेने लगें। तब हमें कौन पूछेगा ? कौन धन्धा देगा ?" और वह दुहत्थड़ मारकर रोने लगा।

दूसरे हत्यारे ने उसे गले लगा लिया और बोला, "री मत प्यारे, जिन्दगी में निराश होने से काम नहीं चलता। ईश्वर सबको देखता है, वह सबका रखवाला है। उसने हमें पैदा किया है तो काम भी देगा। क्या कारतूस महँगे होने से हम धन्धा छोड़ देंगे !"

और वे दोनों धीरे-धीरे होटल से बाहर आ गए और बजट की रात के अन्धकार में कहीं खो गए।

चुनाव : एक मुर्गाबीती

दड़बे से बाहर आ उसने अपनी दाहिनी आँख आसमान पर फेरी तो झाग जैसे बादल घिरे हुए थे। वातावरण ठण्डा था जिसमें कीड़े गर्मी पाने की बेमतलब चेष्टाएँ करते हैं। पण्डित अपनी कोठरी के घुप अँधेरे में चालीसे का पाठ कर रहा था और पण्डिताइन के चेहरे पर स्मृतियोंवाली नींद बकाया थी।

मुर्गे ने धीरे से कूँ-कूँ करके अन्दर बैठी अपनी आलसी मुर्गी को पुकारा जो अण्डा देने के बाद उठी दार्शनिक गुत्थियाँ सुलझा रही थी। जैसे दो बच्चे होने के बाद आज की बहुओं में चंचलता नहीं रहती वैसा ही कुछ यह मुर्गा अपनी मुर्गी में अनुभव करने लगा है। शायद यह वातावरण का प्रभाव हो या मौसम का हो।

धीरे-धीरे किल्गी हिलाता, कूल्हे ठुमकाता, वह अपने परिचित टीले की ओर चला जहाँ उसे रोज़ धूप और ताजे दाने मिल जाते थे। किल्गी कँपा जब उसने बाँग लगाई और सामने दीवार को देखा तो

देखता रह गया।

एक पोस्टर पर मुर्गे की तस्वीर बनी हुई थी और नीचे लिखा था–"को वोट दो।" देख मुर्गा हैरान हो गया। उसके साथ यह क्या मज़ाक की जा रही है ? किस बद्तमीज़ ने फोटो निकाल चिपकाया है यहाँ ? बिलकुल उसी का है। वैसे ही पंख, वैसे ही पैर, वही किल्गी। फिर नीचे लिखा है "को वोट दो।" यह वोट क्या होता है ? मुर्गे ने चीखकर अपनी धर्ममुर्गी को बुलाया। वह पतिव्रता की फुर्ती से दौड़ती आई और प्रश्नवाचक पोज़ में खड़ी हो गई।

"देख रही हो यह क्या है ?"

"तुम्हारी तस्वीर है।" फिर लजाते हुए बोली, "अच्छी है।"

"अच्छी तो है, पर किसने लगाई ?" वह चिल्लाया।

मुर्गी काँप उठी–"मैंने नहीं लगाई।"

"यह तो मैं भी जानता हूँ, और इसके नीचे यह क्या लिखा है ?"

मुर्गी ने सिर झुका लिया।

"निरक्षर भट्टाचार्य ! अरे इसके नीचे लिखा है 'को वोट दो।' "

"वोट क्या होता है ?"–मुर्गी ने फिर प्रश्नवाचकी पोज़ लिया।

मुर्गा सोच में पड़ गया, फिर बोला, "शायद कोई दवाई होती है जिसके दिए जाने से तुम अण्डे अधिक दे सकोगी।"

"उँह, मैं कोई कम अण्डे दे रही हूँ। दवाई की क्या जरूरत है।" वह तुनक चली।

"अरे, ठहरो भी, मैं तो मज़ाक कर रहा था।"

"फिर बताओ वोट क्या होता है ?"

"मुझे नहीं पता, पर यह है कुछ खतरा ही।"

"नहीं-नहीं, ऐसा मत कहो।" मुर्गी अपीली।

"और नहीं तो क्या होगा यह। तुम समझती हो मनुष्य कभी मुर्गे को समझ सकेगा, उसका सम्मान कर पाएगा। उसे तुम्हारे अण्डों से मतलब है, मेरी गर्दन पर वह किसी भी क्षण छुरी फेर सकता है।"

मुर्गी रुआँसी हो गई। अपने पति के मुँह से उसने ऐसी बातें कभी

नहीं सुनी थीं। इतना वह समझ गई कि आज का बादल ढका दिन बड़े अपशकुन लेकर आया है।

मुर्गे ने देखा दो व्यक्ति उसकी तस्वीर देख आपस में बातें कर रहे हैं। वह ध्यान से सुनने लगा।

"तुम दोगे मुर्गे को वोट ?"

"अवश्य दूँगा। और तुम ?"

"मैं तो मुर्गे को वोट देने के ज़रा भी पक्ष में नहीं हूँ।"

मुर्गा-मुर्गी एक-दूसरे की ओर डरकर देखने लगे।

"इसका अर्थ है कुछ मनुष्य हमें वोट देना चाहते हैं और कुछ नहीं। पर इस खींचतान में हमारी बड़ी छीछालेदर होगी।" मुर्गे ने लम्बी साँस खींची, "देखो जमाना क्या-क्या दिखाता है।"

वे कभी मनुष्यों की बातों में रुचि नहीं लेते, पर अब परिस्थितियाँ बदल गई थीं। मुर्गा जहाँ चार लोग खड़े देखता, चुगने का बहाना कर पहुँच जाता और ध्यान से सब सुनता। मुर्गी डर के मारे कहीं नहीं जाती। सहमी-सहमी अपने दड़बे में बैठी रहती—अब क्या होगा ?

उस दिन मुर्गा परेशान लौटा और मुर्गी से बोला, "रानी और चार दिन हैं, हम एक-दूसरे को देख लें, प्यार कर लें, गुरुवार को वोट पड़ेंगे।"

"क्या कह रहे हो ?"

"ठीक कह रहा हूँ। गली के कोने में सभा हुई थी जिसमें एक व्यक्ति कह रहा था—याद रखें आपको गुरुवार के दिन मुर्गे को वोट देना है।"

इधर एक जुलूस नारे लगाते निकला—"वोट किसको दोगे ?"

"मुर्गे को !"

मुर्गा-मुर्गी दुबककर दड़बे में घुस गए, वे थर-थर काँपने लगे और एक-दूसरे से सटकर बैठ गए।

जुलूस आगे बढ़ गया। आवाज़ हल्की होते-होते मुहल्ले के कोने में जा पूरी तरह फेड ऑफ हो गई। कुछ देर बाद मुर्गे ने गर्दन बाहर

निकाली। वातावरण ठीक था। मौत का रेला निकल गया था।

गुरुवार का दिन। नहीं, पहले बुधवार की रात।

दोनों सो नहीं सके। आकाश में चुनाव का काला भय फैल रहा था। आँसू डूबी आँखें एक-दूसरे को देख रही थीं।

"कहीं भाग चलें चुपके से ?" मुर्गी ने सुझाया।

"मुर्गे कभी परिस्थितियों से भागे हैं ! फिर मैं क्यों भागूँ ? कल सारी दुनिया वोट देगी। हम भागकर कहाँ जा सकेंगे ?"

रात-भर मुर्गी मनाती रही : हे राम, हमें इस वोट से बचा !

सूरज उगा, किरन बही, चालीसा फूटा, पण्डिताइन जगीं, बड़े बाबू की पत्नी ने बच्चे नाली के पास बिठाए, इधर आदमियों की हलचल प्रारम्भ हुई। कई बार बातचीतों के टुकड़े सुनने को मिले।

"किसे दिया वोट ?"

"मुर्गे को।"

"मैं भी मुर्गे को ही दूँगा।"

मुर्गा बोला, "मेरे सामने तो कोई वोट जैसी चीज़ नहीं आई, यह क्या मज़ाक है, धोखेबाज़ी है, षड्यन्त्र है !"

वह बाहर निकला। मुर्गी ने रोकना चाहा पर नहीं रुका। ज़ोर से बाँग लगाई, "मैं यहाँ हूँ, कुकड़ूँ-कूँ !"

कोई उत्तर नहीं।

हलचल बनी रही। मुर्गा उसे वोट डाले जाने की बात सुनता रहा, और नासमझ परेशानी में मुहल्ले के एक कोने से दूसरे कोने तक घूमता रहा।—"क्या है वोट, मुझे कहाँ मिल रहा है ? यह आदमियों का पागलपन है या धोखेबाज़ी !"

मुर्गी भी खीझ गई थी। भूखे, दानों की ओर से लापरवाह, दोनों इधर-उधर भागते रहे। शाम तक लोगों की बातचीत चलती रही और शोर-शराबा बढ़ने लगा। इन दोनों ने सुना कि मुर्गे को ही सबसे अधिक वोट मिले हैं और ये विरोध में चिल्लाने लगे।

सारे मुहल्ले में खुशी की हुड़दंग मच रही थी। उन जागीरदार

साहब के यहाँ जिनके ये मुर्गे-मुर्गी हैं, जश्न की तैयारियाँ हो रही थीं क्योंकि वे चुनाव में ज़ीतनेवाले थे। आज उनके चुनाव-चिन्ह मुर्गे को सबसे अधिक वोट पड़े। उनके सारे चमचे पार्टी माँग रहे थे।

साँझ हो गई। मुर्गा-मुर्गी थककर अपने दड़बे के पास आ गए। मुर्गा हैरान था अभी तक, और मुर्गी कह रही थी कि भगवान का शुक्र है। तभी वह भोंड़ी शक्लवाला खानसामा आया और मुर्गे को टाँगों से पकड़ उल्टा लटका जागीरदार साहब के पिछवाड़े की ओर ले गया।

मुर्गी पीछे भागी। मुर्गा चिल्लाया—"क्या यही वोट है ? क्या कर रहे हैं ? क्या कर रहे हैं ?"

किसी ने नहीं सुना। रात तक उसका मसालेदार इलेक्शन कर दिया और सजाकर प्लेटों में रख दिया। सारी रात मुर्गी रोती रही और वोट को गाली देती रही।

अभी वह पोस्टर फटा नहीं है। रोज़ मुर्गी कूड़े के ढेर के पास आती है, पोस्टर पर लगी मुर्गे की स्वस्थ तस्वीर की ओर देख जाने किस खयाल में डूब जाती है।

वर्माजी, चुनाव और टू-टू

वर्माजी को कौन नहीं जानता। शायद यही कहकर वर्माजी का परिचय ठीक तरह से नहीं दिया जा सकता है। इसका अर्थ यह है कि उन्हें गधे, घोड़े, कुत्ते, बिल्ली सब जानते हैं। वे प्राणियों पर दया करनेवाली नगर की एकमात्र संस्था के विगत ग्यारह वर्षों से इसलिए अध्यक्ष हैं कि संस्था की स्थापना हुए अभी कुल ग्यारह वर्ष ही हुए हैं : प्रति वर्ष वर्माजी अध्यक्ष चुन लिए जाते हैं। मानो एक मूक समझौता है जो चला आ रहा है और यही शायद संस्था के अस्तित्व का मूल रहस्य है। वर्माजी इस क्षेत्र में काफी काम कर रहे हैं इसलिए अध्यक्ष हैं अथवा अध्यक्ष हैं इसलिए काफी काम कर रहे हैं। दूसरों के पास इतनी फुरसत नहीं कि वे इस संस्था में पद प्राप्त करें। वे सदस्य बने रहते हैं और वर्माजी को अध्यक्ष चुन लेते हैं। आज जो कहा जाता है कि उनके दम पर संस्था टिकी हुई है तो ठीक ही कहा जाता है।

वर्माजी एक स्थानीय अखबार खरीदते हैं और सुबह अपने

बरामदे में बैठकर पढ़ते हैं। सबसे पहले वे प्राणियों के साथ होनेवाली दुर्घटनाओं की खबर पढ़ते हैं। अगर कहीं कोई खबर हुई तो उनकी संस्था फौरन कार्यरत हो जाती है अर्थात् वे कार्यरत हो जाते हैं। वे घटना-स्थल की ओर दौड़ पड़ते हैं। उस दिन एक कुत्ते की टाँग का डेढ़ दिन इलाज न होने पर जो बाबेला उन्होंने मचाया था, वह सबको याद है।

आज सुबह वर्माजी ने पढ़ा कि लोकसभा भंग हो गई, मध्यावधि चुनाव होंगे। वे गम्भीरता से विचार करने लगे। यह उनके चुने जाने की समस्या नहीं थी, यह दूसरे को चुनने की समस्या थी। वे प्राणियों पर दया करनेवाली कमेटी के अध्यक्ष हैं। वे सोचने लगे कि ऐसे समय उन्हें क्या करना चाहिए ? प्राणियों का भला किसमें है ?

वे घर से निकले। सीढ़ियों के पास धूप में उनका कुत्ता बैठा हुआ था। उसने दुम हिलाकर वर्माजी को अपना नमस्कार पहुँचाया।

"क्यों रे टू-टू, तुझे पता है मध्यावधि चुनाव हो रहे हैं ?"

"पता है।"—टू-टू ने कहा। फिर कुछ सोचकर उसने वही नैतिक प्रश्न खड़ा कर दिया जो पिछले चुनाव में भी उसने खड़ा किया था—"यह बताइए कि वर्माजी, पाँच वर्ष के अन्तराल से यदि नेता मुहल्ले में वोट माँगने आए तो हम कुत्तों को उस पर भौंकना चाहिए या नहीं ?"

वर्माजी ने धीरे से कहा, "देखो बेटे, यह बहुत कुछ इस पर निर्भर करता है कि तुम किसके कुत्ते हो, और तुम्हारी नस्ल क्या है ?"

"मैं मोहल्ले का कुत्ता हूँ। समाज का, इस देश का।"

वर्माजी हँसे, "यह बात तो नेता भी कहता है। मैं समाज का हूँ, मैं देश का हूँ। मगर सवाल एक और है ? तुम कब समाज और देश के हो और कब महज़ अपने ? तुम भौंकते और भाषण देते हो देश के लिए, जनता के लिए मगर जब तुम खाते हो तब तुम सिर्फ अपने लिए खाते हो। कुत्ते महोदय, तब तुम दूसरों को, देश को भूल जाते हो। इससे बेहतर है तुम भौंको महज़ अपने लिए, मगर खाते वक्त

सबका ख्याल रखो। देश का, समाज का !"

"आप मुझे शर्मिन्दा कर रहे हैं ?—कुत्ते ने कहा।

"नहीं, मुझे क्षमा करो। मेरा ऐसा कतई इरादा नहीं था। मैं प्राणियों पर दया करनेवाली कमेटी का पिछले ग्यारह वर्ष से अध्यक्ष हूँ। तुम जानते हो, मैं कोई ऐसी बात करूँगा जिससे किसी प्राणी को पीड़ा हो, यह संस्था के संविधान के विरुद्ध होगा।" वर्माजी ने कहा।

टू-टू ने मुग्ध भाव से वर्माजी की ओर देखा। कुछ क्षण चुप्पी रही। फिर वर्माजी ने कहा—"देखो टू-टू, तुम कुत्ते हो इसलिए शर्मिन्दा हो लेते हो, मगर आज राजनीति में शर्मिन्दा होने का रिवाज नहीं रहा। आजकल राजनीति में कोई शर्मिन्दा होता भी है तो दूसरों के कृत्य के लिए। खुद के कृत्य पर कभी शर्मिन्दा नहीं होता।"

टू-टू कुछ देर लम्बी जुबान बाहर निकाल मुँह खोले हँसता रहा। फिर बोला—"वर्माजी, हम कुत्तों का क्या है, नंगे ठहरे। हम तो कभी-कभी यही सोचकर शर्मिन्दा हो जाते हैं कि हम नंगे हैं।"

"फिक्र मत करो प्यारे, चलता है। जब अपनी संस्था का विकास होगा, पैसा काफी आएगा तब तुम सब कुत्तों के लिए हम निकरें सिलवा देंगे !"

"काली या नीली ?" टू-टू ने पूछा।

"पॉलिटिक्स में तू मत पड़ा कर।"—वर्माजी ने उसे डाँट लगाई—"हम मनुष्यों की दुर्दशा नहीं देख रहा जो पॉलिटिक्स में पड़ गए, हैं और तबीयत का कपड़ा पहनने तक के लिए परेशान हैं। जैसी निकर मिले पहन लेना। सन्तोषी सदा सुखी।" फिर एक लम्बी साँस ले कहने लगे—"मगर यार टू-टू, उस निकर में भी अभी काफी देर है। पता नहीं संस्था की आर्थिक दशा कब सुधरेगी ?"

"मध्यावधि चुनाव के बाद क्या कुछ फर्क पड़ेगा ?"—टू-टू ने पूछा।

"क्या कह सकते हैं ! नतीजों पर है ! देखें कौन पावर में आता है ?"

"आप किसे वोट दे रहे हैं ?" टू-टू ने पूछा।

"यही सोच रहा हूँ। दरअसल मैं इसी बारे में तुमसे सलाह लेना चाहता था"—वर्माजी ने कहा।

"आप भी वर्माजी गजब करते हैं, हम कुत्तों से सलाह ले रहे हैं। हमारा कोई मत होता है। हम तो हुकुम के बन्दे ठहरे। आप जिस पर कहेंगे भौंक देंगे, जिसके सामने कहेंगे दुम हिला देंगे। आप पहले अपनी पार्टी तय कीजिए।"

"हमारी पार्टी पहले से तय है। जानवरों की पार्टी ! कुत्ता, बिल्ली, घोड़ा गधा ! किसी कम्बख्त को वोट देने का हक नहीं," वर्माजी हँसकर बोले।

"अच्छा।"

"क्यों ?"

"इसी कारण आपके सारे सम्बन्ध मधुर हैं। पशुओं को वोट देने का हक होता, आपस में झगड़े पड़ जाते।"

"अच्छा, मज़ाक नहीं सच-सच कहो किसे वोट दिया जाए ?"

"हम कुत्तों से मत पूछिए।"

"देखो टू-टू, मैं हमेशा से मानता रहा हूँ कि कुत्तों में अच्छे आदमी और बुरे आदमी की पहचान रहती है।"

"गुज़र गए वे दिन, अब वैसे कुत्ते नहीं रहे। तब शरीफों के दरवाजे बँधते थे और बदमाशों पर भौंकते थे। आज उल्टी स्थिति है। चोरों के दरवाजे बँधे हैं, ईमानदारों पर भौंक रहे हैं।"

"वाट डू यू मीन ! तुम मुझ पर व्यंग्य कर रहे हो ? मैं चोर हूँ जिसके दरवाजे तुम बँधे हो। देखो टू-टू, तुम जब ज़रा से पिल्ले थे, जब तुमने आँखें भी नहीं खोली थीं तब से मैं इस संस्था का अध्यक्ष चला आ रहा हूँ। आज तक किसी ने मुझ पर उँगली नहीं उठाई, समझे। संस्था की पाई-पाई का हिसाब रखता हूँ। सालाना आडिट करवाता हूँ। तुम मुझे बदमाश कह रहे हो ! कुत्ते कहीं के, शर्म नहीं आती।"

टू-टू की दुम दब गई। वह थर-थर काँपने लगा।

“क्या मैं इस्तीफा देकर फिर से चुनाव करवाऊँ ?”—वर्माजी ने गरजकर कहा।

“जी नहीं, आप मुझे गलत समझ रहे हैं”—टू-टू ने कहा।

“फिर क्या मतलब है तुम्हारा ? आज देश की यही हालत है। जिसके लिए करने जाओ वही गुरगुराता है।”

“देखिए वर्माजी, मेरा आपसे तात्पर्य नहीं था। आप गलत समझे, इसे मैं अपना दुर्भाग्य ही कहूँगा। कुत्ता ठहरा, गलती इन्सान से भी होती है। आज किसी भी विषय पर परस्पर चर्चा करना कठिन है। मनमुटाव ही बढ़ते हैं। ईमानदारी से कोई बात कहिए, सामनेवाला गलत समझता है।”

“तुम ईमानदारी से ऐसा समझते हो कि मैं बदमाश हूँ और तुम गलत आदमी के दरवाजे पर बैठे हो ? अगर ऐसा है तो तुम जा सकते हो।”

“वर्माजी, आप गलत समझ रहे हैं।” टू-टू ने बीच में कहा—“मैं आपकी और अपनी नहीं, आम कुत्तों की बात कर रहा हूँ। आज बड़े-बड़े बंगलों में अलसेशियन पल रहे हैं, क्या वे चोरी की कमाई पर नहीं जी रहे ? क्या वे जाने-अनजाने उन ईमानदारों पर नहीं भौंक रहे, जो सड़कों पर चप्पलें घसीटने पर मजबूर हैं ? आज कुत्ता किस वर्ग का समर्थक है ? क्या वह धर्मराज युधिष्ठिर के पीछे जा रहा है ? आप कहेंगे वर्माजी कि मैं नेता की तरह बढ़-बढ़कर बात कर रहा हूँ, मगर मैं आपको सच कहता हूँ कि आज कुत्ते की जात नहीं रह गई है। हम गिर गए हैं। हम चोरों की रक्षा कर रहे हैं जो हमारा कभी धर्म नहीं रहा। और आप उन कुत्तों का मत जानना चाहते हैं ? हम बिकी हुई आत्मा के प्राणी, जिनकी जुबान हमेशा सुख-सुविधाओं के लिए ललचाती रही है, हमारा मत क्या माने रखता है ? आप भोले हैं या शायद हमें ठीक तरह से जानते नहीं जो हमसे—हम कुत्तों से मत पूछ रहे हैं !”

टू-टू हाँफने लगा। अपनी छोटी-सी ज़िन्दगी में शायद पहली बार

वह इतना लम्बा वाक्य बोला था। वर्माजी चुप थे। वे धीरे-धीरे गर्दन हिला रहे थे मानो किसी निर्णय तक पहुँचने के प्रयत्न में हों।

तभी पड़ोस की बिल्ली आकर मुँडेर पर बैठ गई। वर्माजी को देख उसने म्याऊँ कहकर अपने आगमन की सूचना दी।

"नमस्कार।" वर्माजी ने कहा।

"नमस्कार वर्माजी !" बिल्ली बोली।

"कहो मौसी ?"

"अब मैं इतनी बुढ़िया तो हो नहीं गई हूँ कि आप मुझे मौसी कहने लग जाएँ। आप स्वयं मेरे पिता के समान हैं। आप ही के घर का दूध पीकर पली हूँ। आपकी बेटी की तरह हूँ। और आप मुझे मौसी कहते हैं। जरा सोचिए।"

वर्माजी हँसने लगे। फिर बोले—"चुनाव हो रहे हैं कुछ ही दिनों में। क्या ख्याल है ?"

"इस बार बड़ी जल्दी !"—बिल्ली ने कहा—"हाय हम बिल्लियों को भगवान कब 'वोटिंग-राइट' दिलवाएगा। मैं सच कहती हूँ वर्माजी, अगर हमें वोट का हक मिल जाए तो इन पार्टीवालों को नाकों चने चबवा दें। कहें—बेटा रखो इधर कटोरा भर दूध और दस-दस चूहे, नहीं तो अपन टस-से-मस नहीं होने के।"

"क्या नैतिक पतन हो गया है इन बिल्लियों का ?" टू-टू ने कहा।

"तू चुप रह, बड़ों के बीच में क्यों बोलता है ?" बिल्ली ने उसे डाँटा।

"तू कहाँ से बड़ी हो गई ?"

"मुँडेर पर मैं बैठी हूँ कि तू बैठा है ?"

"ऊपर बैठने से कोई बड़ा नहीं हो जाता।"

"और सुनो इसकी। अरे बेवकूफ, बड़ा वही है जो ऊपर बैठा है। क्यों, है ना वर्माजी ? अब आप अपनी संस्था के अध्यक्ष हैं पिछले

ग्यारह साल से। सब सदस्यों से ऊपर हैं। बताइए आप बड़े हुए कि नहीं ? कोई कह सकता है कि आप बड़े नहीं हैं ? सच-सच कहना !'' बिल्ली ने कहा।

''मैं तो सबका सेवक हूँ। मैं तो प्राणी-मात्र का सेवक हूँ''—वर्माजी ने कहा।

''बड़ों के मुँह से यही बात शोभा देती है। अब जैसे कोई मुझसे पूछे कि आप क्या करती हैं तो मैं कहूँगी कि मैं तो सेवक हूँ। चूहे खाती हूँ, चूहा फसल को नुकसान पहुँचाता है और मैं उसे साफ कर देती हूँ। यही मेरा धर्म है, सेवा। मगर वर्माजी आप हम बिल्लियों के कलेजे पर हाथ रखवाकर पूछ लीजिए, आपसे कोई झूठ नहीं बोलेगी। सच यह है कि हम चूहा शौक से खाती हैं। हमें चाट लग गई है। आप इसे सेवा करने की चाट कह सकते हैं, मगर हम मजबूर हैं।''

''ख़ैर, तुम अपने से मेरी तुलना मत करो। मैं मारने-खाने की सेवाएँ नहीं करता। मैं प्राणी मात्र की रक्षा के लिए, उन पर दया के लिए संस्था चलाता हूँ, समझीं।''—वर्माजी ने कहा।

''कितने सुन्दर विचार हैं आपके। इसलिए आपकी संस्था के ज्यादा सदस्य नहीं हैं।''—वह बोली।

वर्माजी चुप रह गए। सचमुच उनकी संस्था की सदस्यता अधिक नहीं, मगर वे इसमें क्या कर सकते हैं।

अहाते के पास रामप्रसाद बाबू की गाय आकर रुक गई थी कुछ देर से। वर्माजी का ध्यान खींचते हुए उसने कहा—''बेटा, इन कुत्ते-बिल्लियों से क्या सलाह लेते हो चुनाव के मामले में। ज़रा अपने दिमाग से सोचो।''

''हमारी स्थिति आजकल इन जैसी ही हो रही है, माताजी। इसलिए पूछने में कोई हर्ज नहीं। ये सब भी इसी देश के वासी हैं।''

''वह ठीक है बेटा, मगर देश के भविष्य का सवाल है।''

“आपका क्या खयाल है ?”

“भगवान के लिए मुझे मत घसीटो, मगर हाँ, अच्छी पार्टी आए इसे कौन नहीं चाहता। सब कुछ तुम्हारे हाथ है।”

तभी रामप्रसादजी ने गाय को हँकाला और वह बढ़ गई। बिल्ली उठी और पीछे की तरफ निकल गई। वर्माजी कुछ क्षण चुप खड़े रहे। फिर टू-टू से बोले–“सुना तुमने, गोमाता कहती है कि कुत्ते-बिल्लियों से चुनाव के प्रश्न पर सलाह ही मत लो।”

“उनके भी निहित स्वार्थ जुड़े हुए हैं। राजनीतिक भी, आर्थिक भी। गायजी स्वयं को उत्पादक वर्ग का मानती हैं। हम कुत्ते-बिल्ली तो पृथ्वी पर भार हैं, हमारा क्या है।”

वर्माजी निर्णय नहीं ले पा रहे थे। वास्तव में वे बाहर जाने की सोच रहे थे और दरवाजे के बाहर अहाते में ही चर्चा करते रुक गए थे।

तभी दूर से उनकी संस्था का एक सक्रिय सदस्य इधर आता नजर आया। यह इस क्षेत्र का नेता है। वर्माजी के ग्यारह वर्ष से लगातार अध्यक्ष चुने जाने में इसी प्राणी का विशेष हाथ रहा है। कई संस्थाओं में इसकी तूती बोलती है और वह वहाँ अपनी ‘पॉलिटिक्स’ चलाता है। इसके इशारे पर कई गुण्डे चलते हैं। वह वर्माजी से कहता है कि धीरे-धीरे पूरे प्रान्त में संस्था की शाखाएँ खोलेंगे। प्रान्तीय सम्मेलन बुलवाएँगे, जिसका उन्हें अध्यक्ष बनाया जाएगा और जोर डालकर बड़ी सरकारी ग्रान्ट ली जाएगी। पिछले चुनाव में भी वह इसी तरह आया था और उसने वर्माजी के वोट एक पार्टी-विशेष में डलवा दिए थे, जिसका वह तब कार्यकर्ता था। इस बार भी वह आया है। पता नहीं आजकल वह किस पार्टी में है ?

वर्माजी ने अनुभव किया कि उनकी रीढ़ की हड्डी एकाएक नरम पड़ती जा रही है, मानो उनकी कहीं एक दुम है जो दब गई है। उनके घुटने कमजोर हो रहे हैं, वे झुक गए हैं और हाथों के बल पर टिके हुए हैं। उनकी गर्दन लटक गई। उनकी स्थिति उस प्राणी की तरह हो

गई जो दया का पात्र है, असहाय है और आज्ञाकारी है।

टू-टू कान फड़फड़ाकर उठा। वह सोचने लगा कि सिर्फ चुनाव के समय आनेवाले इस नेता पर ही भौंका जाए या नहीं। तभी उसे वर्माजी का वाक्य ध्यान आया कि यह इस पर निर्भर करता है कि तुम किसके कुत्ते हो ? उसने एक बेबस मुद्रा में खड़े वर्माजी की ओर देखा और चुप बैठ गया।

चुनाव गीतिका : सरलार्थ

आज तुम रस-गन्ध-हीन पुष्प के समान कुम्हलाए हुए-से क्यों हो मित्र ! तुम पर कौन बाधा आ पड़ी है ? तुम राजधानी के सुखद आवास छोड़ कहाँ जा रहे हो ? तुम्हारी यह लपटती-झपटती धोती, जीर्ण-शीर्ण-सा कुर्ता और आन्दोलनों के जमाने की स्मृति दिलानेवाला वास्कट सब कुछ अति ही निराला एवं भिन्न है। आज तुम वैसे नहीं लग रहे, जैसे कल तक थे। तुम्हारा मुख-सरसिज आज जाने क्यों एक चिन्ताग्रस्त नेता का बोध करा रहा है। कौन-सा अमंगल तुम्हें उदास किए है ? इस दिशा में किस ठौर पर जा रहे हो। सघन कांतारों में किसका अन्वेषण करने का लक्ष्य है आज ?

1

कवि ने निर्वाचन की बेला में चतुर नेता द्वारा अपनी सारी सुध-बुध खो बैठने की स्थिति का चित्रण किया है। वह कहता है कि अपने चुनाव

क्षेत्र की ओर सत्वर गति से जाता हुआ आज वह पहचाने नहीं आ रहा।

2

इस बार चुनाव जल्दी लग गए। क्या करें, निठुर इन्दिरा से हमारा सुख देखा न गया। उसने हमें समय बीतने से पहले ही निगोड़ी जनता में पठवा दिया।

हाय ! अभी तो स्वार्थों के चकवा-चकवी जी-भर मिल भी नहीं पाए थे। निजी सुखों की कमल जोड़ी से भ्रष्ट पवन मधुर छेड़छाड़ कर ही रहा था। अभी-अभी तो यह सेवाभावी तन डनलपपिलो के मनोहर पाश में सिमटा ही था कि समय के निर्दयी मुर्गे ने बाँग देकर कहा कि चुनाव आ गए !

कवि कहते हैं एक और दलबदल करने की इच्छा नेता के हृदय में शेष ही थी कि हाय देखो यह कैसी अघट घटी। बेचारे क्या करें कुछ समझ नहीं पड़ रहा।

3

अय सखी, आज चहुँ दिशि यह शोर कैसा ! बकुलों के समान श्वेत परिधान धारे कार्यकर्ता जनों की पाँत कहाँ प्रयाण कर रही है ? रसिक जन आज रसिकता छोड़ राजनीति की चर्चा में काहे मगन हैं ? क्या शृंगार अब रसराज नहीं रहा ?

फेरियाँ लगाकर तरुणियों के सौन्दर्य का अन्दाज़ लगानेवाले वे भ्रमर-वृन्द आज उन्हें नम्र स्वरों में 'बहन जी' के आदरसूचक शब्दों में क्यों सम्बोधित कर रहे हैं ? सदा सहमत होनेवाली प्रौढ़ाएँ भी आज मानिनी मुग्धाओं के समान रूठी हुई क्यों लग रही हैं ? मेरा प्रीतम आज इतनी सुबह मुझे सोता छोड़ नारों से मंडित पोस्टरों का बण्डल बगल में दाबे कहाँ चल दिया ?

कवि कहते हैं कि देश में अक़स्मात चुनाव आ जाने से पुर की सुन्दरियाँ परस्पर जिज्ञासा कर वास्तविकता जानने को बड़ी आकुल हैं।

4

सुन सखी, आज मुझे वह फिर दिखाई दिया जो पिछली बेर गलियों में आकर भाषण दे गया ? मीठी-मीठी बातों का धनी, वही चतुर नट जिसने फुसलाकर हमारा वोट हर लिया। आज मुझे सुबह की बेला वह फिर दिखाई दिया।

मैं नहाई हुई आँगन में थी। निचोड़ने पर मेरे बालों से जलधारा यों झर रही थी मानो मोती झर रहे हों। वस्त्र भीगे हुए थे। मैं ठिठुरती धूप में बैठी हुई थी। क्या कहूँ, तभी उस निर्लज्ज ने मुझे देखा और मैंने उसे। वह ऐसे ललचाए नेत्रों से मुझे देख रहा था मानो मुझसे कुछ चाह रहा हो।

कवि कहते हैं कि कौन नहीं जानता कि चुनाव की बेला में सुन्दरियाँ वोट मात्र रह जाती हैं। चतुर नट उनसे बस वही माँगता है।

5

नारों ने आकाश छू रखा था, भोंगे गुंजायमान थे, पदत्राण शिरस्त्राण हो रहे थे अर्थात् जूते चल रहे थे। देखो, चुनाव की यही शोभा है।

नगर के ग़ुंडे उस समय कार्यकर्ता बन गए थे, स्मगलरों का त्याग अति सराहनीय था। चोर-बाज़ार के व्यापारी प्रजातन्त्र के दायित्वों के प्रति जागरूक हो गए थे।

व्यक्ति समाज का ही अंग है, यह इस चुनाव ने फिर सिद्ध कर दिया, जब लोगों ने अपनी जीपें तथा अन्य वाहन राजनीतिक दलों को दे दिए।

बागों, वनों, गृहों, गलियों और चौमुहानों पर खुले-आम झूठ बका जा रहा था। सत्य क्या है, असत्य क्या है, इसका भेद करना गुनीजन के लिए भी कठिन था।

कवि कहते हैं ऐसी गन्दगी में विचरण करना और सफल होना उसी छबीले का काम है जो हमारे गीतों का नायक है। चुनाव रूपी पंक का वही पंकज मेरा आराध्य है।

6

आज तो विचित्र ही प्रसंग हुआ। नेता ने अपने मित्रों को एक करुण कथा सुनाई।

हुआ यह है कि सकल दिवस चुनाव-प्रचार में व्यस्त रहने के उपरान्त चुनाव का वह उम्मीदवार एक अफसर मित्र के आवास पर पहुँचा और यह अनुनय करने लगा कि मुझे रात्रि अपने यहाँ विश्राम करने दे, प्रातः होने पर मैं चला जाऊँगा। तिस पर उस अफसर मित्र ने असहमत होकर जो कहा वह अत्यन्त 'निराला' था :

बाँधो न नाव इस ठाँव बन्धु
चलते हैं इधर चुनाव बन्धु

उसने नेता को द्वार से बिना सत्कार ही इन्कार कर दिया। नेता ने व्यथा-भरे स्वरों में मित्रों को बताया कि यह वही अफसर था जिसके प्रमोशनार्थ मैंने केबिनेट पर जोर डाला और विगत वर्षों में तीन बार जिसके तबादले रुकवाए।

कवि कहते हैं, चुनाव की बलिहारी है जिसमें मित्र शत्रु सम और शत्रु मित्र सम व्यवहार करने लग जाते हैं।

7

चुनाव-श्रम-जल-कण-झलमल
जनता के आलिंगन से दुर्गन्धित वक्ष देश
आश्वासन रत, स्वीकृतियों में पशोपेश

प्रथम पंक्ति से तात्पर्य प्रचार-कार्य की व्यस्तता के परिश्रम से शरीर पर आई पसीने की बूँदों से है जो झलमला रही हैं। चुनाव के समय जनता से बार-बार आलिंगन करने की मजबूरी के कारण नेता के वक्ष-देश (कुर्ता, वास्कट आदि के भाग) दुर्गन्धित हो गए थे। वह आश्वासन देता था, पर स्वीकृतियों में पशोपेश रहता था।

पद की शेष पंक्तियाँ, जो नेता के सार्वजनिक चरित्र के ऐसे विरोधाभासों का परिचय देती हैं, सरल हैं।

(पशोपेश के प्रयोग से सिद्ध है कि कवि अरबी-फारसी का अच्छा ज्ञाता है।)

8

उस दिन वह छलिया मेरे द्वार भी आया था। मैं तन को अंगराग लगा नाना आभूषणों से स्वयं को सजा रही थी। लम्पट ने तभी कुण्डी खटखटाई।

मैंने कार पर ही उससे वार्ता की। उस समय तेल से सनी हुई उसकी घुँघराली लटें तथा तम्बाकू के बीड़े चबाते हुए श्याम मुख में दन्त-पंक्तियाँ अलग ही शोभा दे रही थीं।

चुनाव को ध्यान में रख उसने कुर्ते में सूराख कर लिए थे और उन पर पैबन्द लगा अपनी अजब धज बनाई थी। उस दिन तो वह बड़े जनवादी ठाठ में था।

हे सखी, इसे भाग्य कहूँ या दुर्भाग्य कि चुनाव आया और उस शठ के लिए विगत शब्दों की स्मृतियाँ मन में फिर ताजा हो गईं जिन्हें मैं सचमुच ही भुला चुकी थी।

कवि कहते हैं कि राजनीति के रसिया ने गलियों में ऐसी धूम मचाई थी कि पुर की वनिताएँ चकित थीं अर्थात् कुछ समझ नहीं पा रही थीं।

9

बहुत-बहुत कर अनुनय
पहले भी ले गए थे वोट ओ स्वार्थ हृदय
बहुविध चाटु वचन।
अवसर-प्रेरित सिद्धान्त रचन
तव तकनीक जनमोहन
गमन करो सत्वर इस बार
अन्य दिशा सदय

अर्थात् हे स्वार्थी हृदयवाले नेता पिछली बार भी तुम बहुत विनय कर वोट ले गए थे। अनेक प्रकार से मन को प्रसन्न करनेवाले वचन बोलनेवाले तुम अवसर से प्रेरित सिद्धान्त रचने में प्रवीण हो अर्थात् जैसा मौका देखते हो वैसी बात करते हो। तुम्हारी शैली जनता को मोहित करती है, पर जहाँ तक मेरा प्रश्न है, तुम यहाँ से जल्दी खिसको। दया करो, कहीं और जाओ।

10

उस दिन तो नगरी के युवावर्ग ने उस पुराने नेता को बड़ा दिक किया। वह चले तो उसे चलने न दें। वह बोले तो उसे बोलने न दें। यह भी खूब रही।

अरे युवको, वह तो उन दिनों जन-कल्याणी भाषा बोलता था, मानव मात्र को नौकरी दिलाने की डींग भरता था। आश्चर्य है ऐसे सुखदायी स्वर भी तुम्हें उस बार कानों को कटु लग रहे थे।

अरे, युवको, उसे व्यर्थ आतंकित करने से क्या लाभ, वृथा शंकित करने से क्या प्रयोजन। उसे वोट देने के लिए अभिशप्त होकर अकारण सन्ताप देने से क्या लाभ ?

कवि कहते हैं कि चुनाव की बेला ही ऐसी है जब नेता की इज्जत पर धूल उड़ती है। प्रजातन्त्र पर आस्था रखनेवाला हमारा चतुर नट इसका बुरा नहीं मानता।

11

विरोध वृथा
तव असहमति मम व्यथा
त्यागो विपरीत भाव
छोड़ो अब सकल ताव
कर दो सरस समर्थन

सविनय समुपस्थित
मम तव दर्पन

अर्थात् नेता कहता है कि मेरा विरोध करना वृथा है। तुम्हारी असहमति से मुझे व्यथा हो रही है। तुम यह विरोधी भाव छोड़ो। व्यर्थ के ताव मत दिखाओ। मेरा हृदय से समर्थन कर दो। मैं पूरी विनय के साथ उपस्थित हुआ हूँ और तुम्हारी ही भावनाएँ मुझमें प्रतिबिम्बित होती हैं। 'तव मम दर्पन' में नेता में जनता ही प्रतिबिम्बित होती है वाली प्रजातान्त्रिक उक्ति को ही कवि ने अभिव्यंजित किया है।

12

अरी सखी, इस चुनाव ने मेरे प्रेमियों की संख्या बढ़ा दी। देख नहीं रही थी उन दिनों गलियों में कितने चक्कर काट रहे थे। हर कोई आकर मुझसे मेरा वोट माँग रहा था। वोट रूपी कमल एक था, पर उसे पाने को उत्सुक भ्रमर अनेक।

उस दिन वह मुझे पोलिंग बूथ पर आने का संकेत कर गया था। मुझे वह अपना चिन्ह भी दे गया था, जिसे मैंने कलेजे में छिपाकर रख लिया था।

कवि कहता है कि चुनाव के लड़ैया कितनी ही चिरौरी करें, हमारी कलम-से नयनोंवाली नायिका ने तो उसी छैला को वोट दिया जिसका कुंज-गलियों में भारी प्रचार था।

13

रात-रात भर हुई जगाई, लाल-लाल भये लोचन
कैसे भरमाएँ वोटर को, सखा सहित रत सोचन
जाओ शर्मा, जाओ वर्मा, शोधो अपनी-अपनी जाति
मैं हूँ जातिवाद से ऊपर, दुहराओ रह-रह यह ख्याति।

तात्पर्य स्पष्ट है। चुनाव-काल में रात भर जगने से नेता की आँखें

लाल हो गई हैं अर्थात् वह क्रोधित है। उस दिन मित्रों के साथ बैठा यही सोच रहा था कि किस भाँति जनता को चुनाव हेतु फुसलाकर विजय प्राप्त कर ली जाए। वह कार्यकर्ताओं से, जिनके नाम शर्मा-वर्मा थे, कह रहा था कि तुम जाकर अपनी-अपनी जाति से मुझे वोट देने के लिए सम्पर्क साधो और यह प्रचार करो कि मैं जातिवाद से ऊपर हूँ। पद में नेता के चरित्र का विरोधाभास दर्शाया गया है। शेष पंक्तियाँ सरल हैं।

14

पूरा पद सरल है। केवल अन्तिम दो पंक्तियाँ कठिन हैं।

बेशरम नेतृत्व देखकर, तरुण करुण मुस्काए
जन राधा की बाधा हरने, आधा मन कर आए।

तात्पर्य यह है कि युवक वर्ग ऐसा बेशरम नेतृत्व देखकर (चुनाव में खड़े व्यक्ति से तात्पर्य है) हृदय में करुण भाव से मुस्का रहा है। ये नेता लोग जनता रूपी राधा की बाधा हरने आए तो थे, पर आधे मन से आए थे।

15

अरी जनता, अब तू बहुत मान न कर। सब कुछ उसी के वश में है, तेरे वश सिवाय वोट देने के कुछ भी नहीं। उन चतुर खिलाड़ियों से जीतना कठिन है। सिद्धान्तवादी मूर्ख की स्थिति उस वानर के समान है जिसके हाथों में उस्तरा है। दूसरा सिद्धान्तहीन व्यवहारवादी है जो पल-पल दल बदलता है। तीसरी ओर नारे लगा-लगाकर तुझे भरमानेवाला छलिया है। बता पगली, तू कहाँ जाएगी। आज तू अपने वोट का गर्व कर ले, मगर कल तुझे कौन पूछेगा।

कवि का कहना है कि प्रजातन्त्र की हाट का यह याचक बड़ा मजेदार रहा है, जो माँगते हुए 'मत दो, मत दो' कह रहा था।

16

निशि व्यतीत हुई। ओ, कज्जल-मलिन नयनोंवाली कामिनी उठ। पोलिंग बूथों से राजनीति का कंत तुझे टेर रहा है।

चुनाव के कटे-फटे पोस्टरों से गृहों की दीवारें ऐसी प्रतीत हो रही हैं मानो किसी सुन्दरी के तन पर नख-क्षत हों। प्रचार बन्द हो गया है। सभी जन मतदान हेतु केन्द्रों की ओर सत्वर गति से जा रहे हैं। ऐसे में हे गजगामिनी, तू गमन-विलम्बिनी होने की कलंकिनी मत बन।

17

आज उसकी मुस्कान समेटे नहीं सिमट रही। अपने संग सखा चमचन के साथ वह बड़ा बन-ठनकर यहाँ-वहाँ डोल रहा है। वन में, कानन में उसी की जयजयकार है।

कल तक वह जिनके सामने करबद्ध खड़ा था, आज वे ही उसके सम्मुख करबद्ध खड़े हैं। सच ही है कि राजनीति धीरज का खेल है। मौके पर सिर झुकानेवाला ही इस मैदान में सिर उठाकर घूमता है।

कवि कहता है, जिन लोगों ने सब उम्मीदवारों को वादे दिए और पता नहीं किसको वोट दिया, ऐसे जन विजयी के जुलूस में आगे-आगे चल रहे थे।

18

अब वह अपनी क्रीड़ा-भूमि छोड़ जा रहा है। वह चुनाव जीत गया है और व्यर्थ के मोहों से उसने मुक्ति प्राप्त कर ली है।

उसने जनता से किए अपने वादे यहीं की गन्दी नालियों में फेंक दिए हैं। अपने नारों की स्मृति मात्र से वह ऊब जाता है। अब अपने पोस्टरों की ओर वह हँसकर उपेक्षा से अवलोकता है, उसके घोषणा-पत्र मार्ग में बिखरे हुए हैं जिन्हें रौंदता हुआ वह राजधानी लौट रहा है।

कवि कहते हैं कि चुनाव तो चार दिन की चाँदनी होता है, जिसमें जनता चाहे इतरा ले, मगर बाद में तो वही अन्धकार होता है।

19

हाय सखी, वह निर्दयी चला गया। इस बार भी लगता है मानो मुझे छला गया।

मेरे हाथों पर लगा मतदान के समय का काल-चिन्ह मिटा भी नहीं था कि वोट के उस लोभी ने मुझे भुला दिया। वन कानन में उसके सरस नारों की अनुगूँज अभी शेष नहीं हुई थी कि अनेक गालियों के साथ स्मरण किए जानेवाले नेता ने यह स्थल छोड़ दिया। आज मैं छज्जे पर खड़ी उसकी प्रतीक्षा करती रही, पर उस निठुर ने इस ओर तनिक भर न झाँका। उसे मत देने के अतिरिक्त पता नहीं मुझसे कौन-सा अपराध हुआ जो मुझसे दूर हो गया।

कवि कहते हैं कि जिसके कर्म देख सहज लज्जा स्वयं लज्जित हो उसको ओ लाजवन्ती तू किस विधि लजाएगी।

20

धूर्तों में परम धूर्त, आदर्शवादियों में परम आदर्श के रूप में शोभित वह चतुर बहुरूपिया ही अब मेरे ताप हरेगा।

उसी बहुरंगी नेता को जिसके द्वार अपने भक्तों और चमचों के लिए सदैव खुले रहते हैं और जो सकल विरोधियों को उन्मूलित करने का प्रण लिए है, मैंने स्वयं को समर्पित कर दिया है।

कवि कहता है मुझ अबल में इतनी सामर्थ्य कहाँ कि मैं उस नेता की जनमोहिनी शोभा और फलदायी कर्मों का बखान करूँ। मुझे तो केवल इतना ज्ञान है कि ऐसे चतुर राजनीतिज्ञों की वन्दना ही कवि के जीवन को सुखी बनाती है। चुनाव रूपी युद्ध के विजेता, सत्ता रूपी मकरंद के परम लोभी, जनता रूपी नायिका के मन को रिझाने में प्रवीण वह मेरे गीतों का नायक ही मेरा सच्चा सुखदाता है जो मंत्री बनते ही

मेरे कष्ट हरेगा और मुझे ऊँचा पद दिलाएगा।

राधा रूपी जनता को बिलखता छोड़, सत्ता रूपी रुक्मिणी में खोए हुए ओ रमणीय, तू चमचों से घिरा रहने पर कहीं यह न भूल जाना कि मैं सदा तेरी ही मूरत ध्यान में रख कलम उठाता हूँ।

●●●